就愛吃肉！

李舒 主編

人生盡歡——肉慾橫流

一起享用蘇東坡的羊脊骨、史湘雲的烤鹿肉、村上春樹的牛排，以及上海醬鴨、山東扒雞，和西班牙燉牛尾。

淡緋　　無花果紅　　牡丹粉紅　　榴子紅　　香葉紅

蠟紅　　高粱紅　　殷紅　　醬棕　　醬紫

目次

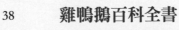

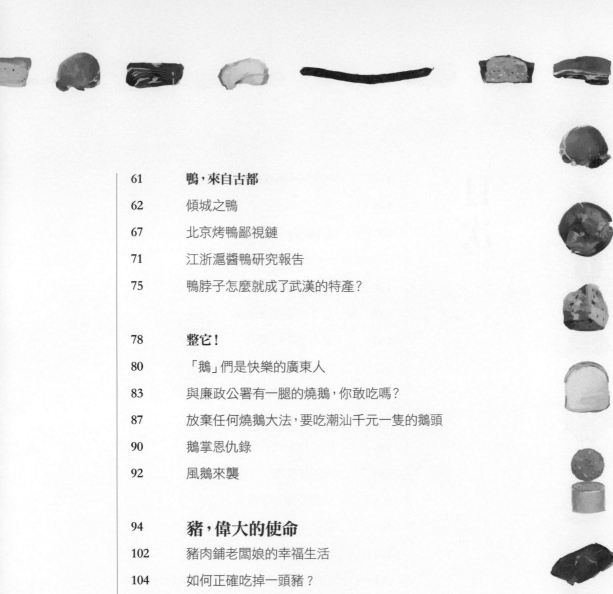

目次

全世界吃肉愛好者團結起來

文／李舒

公開討論吃肉這件事，絕對是社會文明進步的象徵。

比如我的男神蘇東坡，明明一邊教大家文火慢燉小豬肉，「慢著火，少著水，火候足時他自美」，一邊又假惺惺說：「可使食無肉，不可居無竹。無肉令人瘦，無竹令人俗。」哼，看這矯情勁兒，肯定是吃飽了才寫的。

還有周作人，寫文章就喜歡談吃，他的理由是「飲食男女，人之大慾存焉」。飲食和愛情是一樣的。張愛玲一言以蔽之，「寫來寫去都是他故鄉紹興的幾樣最節儉清淡的菜：除了當地出筍，似乎也沒什麼特色。炒冷飯的次數多了，未免使人感到厭倦」。

由此可見，文章太素，也不是好事。活色生香的人，就該活色生香地吃肉，大口喝酒，大塊吃肉，是真名士自風流。

中國人民的吃肉歷史源遠流長，不過，每個時期都有每個時期的鄙視鏈。漢朝時一隻雞36錢，而豬、牛、羊、狗肉一斤只需要6到10錢，要知道那時候，一名書佐月俸才360錢，吃肉不是問題，吃雞還得是土豪才行。多虧了南北朝的賈思勰，他在《齊民要術》中教大家養雞，雞的產量提高了，孟浩然才能「故人具雞黍」，陸游也才可以「莫笑農家臘酒渾，豐年留客足雞豚」。陸游所在的宋朝，因為皇帝的喜好，羊肉站上了吃肉鄙視鏈的頂端；但到了明朝，因為養鴨防蝗的策略，大家有了一千種烹調鴨子的手段；慈禧太后的清宮宴席，因為避諱而無法吃羊肉（老佛爺屬羊，連「羊入虎口」這樣的唱詞都不准有），於是，她便猛炸豬皮響鈴，一直到吃成了脂漏性皮膚炎，也不肯撤下這美味。

關於吃肉，哪個人沒有記憶呢？小時候，吃肉是有些大張旗鼓的。我最喜歡年尾時節，爸爸請出家裡那口不知道多少年的黑色小缸和一塊飽經滄桑的青石，我知道，做鹹肉的季節到了——鹹肉必趕在立春之前醃製好，過了立春，氣候漸漸濕熱，肉就容易變質。先用小火小心翻炒花椒，香味漸漸瀰漫開來，有種置身「椒房」的感覺。把鹽倒進鍋裡，繼續小火翻炒至花椒微微發黃，醃肉的作料就完成了。之後，爸爸會鄭重地去菜市場，那裡有他相識多年的賣肉師傅，爸爸說，只有老王家的五花肉，才值得拿來做鹹肉。

我始終認為，還是我家的鹹肉最好吃。

可是，我已經很久很久沒有吃過這種鮮鹹適口的鹹肉了。似乎是那一年臘月，爸爸一如既往去了菜市場，過了很久才回來，菜籃子空空如也。我們很納悶地問：「肉呢？」爸爸沒有說話，一根接一根地抽菸，後來我們才知道，賣肉師傅老王得了癌症，爸爸去醫院看了他，給了他的太太一點錢。

那一年的鹹肉和香腸，不知道怎麼的，都不如往年好吃。爸爸說，別人家賣的就是不如老王。

年後，老王走了。下一年，爸爸不醃鹹肉了，我們家的鹹肉都從南貨店買回來。那肉也好吃，但不知道為什麼，卻少了一種風味。可是爸爸始終不醃肉，連那口大缸，也在搬家的時候不知所終。

後來，我讀了鍾子期俞伯牙的故事，忽然能夠理解爸爸，和彈琴一樣，懂肉的人之間也有一種惺惺相惜的知己感。

靈與肉

文／王琳　插畫／Tiugin、蔓蔓

沒有例外，全世界愛吃肉的人都有一個美妙的靈魂，聯合起來吧，愛吃肉的人，讓我們共同打造靈與肉完美結合的烏托邦。

·蘇東坡·

大文豪蘇東坡是一個羊肉愛好者，每逢吃羊肉，連羊骨頭裡的碎肉都不放過，還稱碎肉吃起來像螃蟹。因為將骨頭上的肉吃得過於乾淨，遭到自家狗狗的嫌棄。

·魯迅·

「北漂」魯迅先生一直致力於向不熟悉火腿的北京人科普火腿的做法：「干貝要小粒圓的才糯。燉火腿的湯，撇去浮油，功用與魚肝油相仿。」

·史湘雲·

83版電視劇 《紅樓夢》給我帶來的最大美食震撼，不是花裡胡哨加工十八道的茄子，也不是芳官嚷著嫌膩的胭脂鵝脯，而是雪天裡史湘雲和賈寶玉的烤鹿肉。

·武松·

身為粗豪俠義的好漢，吃魚蝦太過麻煩，吃雞鴨沒有氣勢，要想耍帥，還是大塊牛肉最合適。《水滸》經常給人一種錯覺：大宋完全是牛肉愛好者的天下。

·路易十四·

路易十四一頓飯可以吃下四盤湯、一整隻野雞、一隻山鶉、一大盤沙拉、湯汁蒜香羊肉、兩大片火腿、一整盤糕點，除此之外，還有水果和全熟煮雞蛋。

·麥兜·

「我最喜歡吃雞，我媽媽最喜歡吃雞，我最喜歡和我最喜歡的媽媽一起吃媽媽跟我最喜歡的快快雞（麥樂雞）。」這是麥兜小朋友的自我介紹。

·潘金蓮·

《金瓶梅》裡，潘金蓮、孟玉樓和李瓶兒三位佳人賭棋，賭注卻拿來買了金華酒和一個豬頭，也因此有了著名的「一根柴火燒出稀爛的好豬頭」。

·阿嘉莎·

吃什麼食物才能寫出暢銷書？在阿嘉莎的自傳中，可以發現她的口味很單純——喜歡肉和甜食，而這些偏好被原封不動地移植到了大偵探白羅身上。

·汪曾祺·

汪老說了：「一個一年到頭吃大白菜的人是沒有口福的。」肥七瘦三的獅子頭，瘦肉顏色殷紅、肥肉白如羊脂玉，這才是正義。

·池波正太郎·

池波正太郎散步都離不開吃，去信州采風也不忘打卡三河屋的馬肉刺身以及火鍋、竹乃家的糖醋里脊、彌車的炸豬排。他是一個行走的美食家。

農民蘇東坡的吃羊大計

文／李舒　插畫／Tiugin

愛吃羊肉的蘇東坡，生在這樣的大宋，是幸運還是不幸呢？很難評價，因為，他這一輩子雖然愛吃羊肉，卻多半時候都處在吃不起羊肉的困頓歲月裡。

黃州好豬肉，
價賤如泥土。

蘇東坡

蘇東坡的字可以換肉，蘇東坡自己卻很少能吃到大塊羊肉。到了惠州，生活條件更糟糕了，蘇東坡卻馬上給弟弟蘇轍寫信，弟弟啊，惠州這個地方呢，窮是窮一點，東西少是少一點，不過市場裡啊，每天可以殺一隻羊。蘇東坡是被貶斥的罪官，沒有資格吃好的羊肉，於是就私下囑咐殺羊人，別的沒有，羊脊骨給我留一點唄。

如果想要發家致富，穿越去宋朝賣羊肉肯定是一條捷徑。

因為宋朝人實在太喜歡吃羊肉了。這首先來自宋朝皇帝的「欽定」：「飲食不貴異味，御廚止用羊肉。」宮裡只吃羊肉，當然不僅僅是出於政治的考量，實在是因為──老趙家都太喜歡吃羊肉了。宋太祖是羊肉的擁躉，吳越王前來朝拜，太祖一時興起，命御廚烹製南方菜餚招待貴賓。御廚很為難啊，為啥？因為宮裡面除了羊肉，還是羊肉。宋真宗本來也特別愛吃羊羔肉，「御廚歲費羊數萬口」，結果某次祭祀途中，「見一羊自擲於道左，怪而問之，左右曰：『今日尚食殺其羔。』真宗慘然不樂，自是不殺羊羔」。仁宗對羊肉的嗜好絲毫不遜真宗，到了什麼地步？夜裡睡不著覺。（「昨夜因不寐而甚飢，思食燒羊。」）

上行下效，從宮廷御膳到士人宴飲雅集再到民間飲食，吃羊肉簡直成了一種時尚。在汴京，羊肉充斥著大街小巷的飯店酒肆：「大凡食店，大者謂之『分茶』，則有頭羹、石髓羹、白肉、胡餅、軟羊、大小骨角、炙躺腰子、石肚羹、入爐羊罨、生軟羊麵⋯⋯」到了南宋臨安，杭州人依舊愛吃羊肉，「杭城內外，肉鋪不知其幾」，臨安甚至出現了專門經營羊肉食品的大酒店：「又有肥羊酒店，如豐豫門歸家、省馬院前莫家、後市街口施家、馬婆巷雙羊店等鋪。」

愛吃羊肉的蘇東坡，生在這樣的大宋，是幸還是不幸呢？很難評價，因為他這一輩子雖然愛吃羊肉，卻多半時候都處在吃不起羊肉的困頓歲月裡。

蘇東坡買不起羊肉，轉而研究豬肉的一百種燒法：「淨洗鐺，少著水，柴頭罨煙焰不起。待他自熟莫催他，火候足時他自美。黃州好豬肉，價賤如泥土。貴者不肯吃，貧者不解煮。」（《豬肉頌》）還有兩隻一百錢的野雞肉，這是偶爾才能為之的奢

侈品。鍋燒熱，入油，吱吱作響，把野雞肉切成塊放入，小火微煎，到雞肉色澤金黃起鍋，誰吃誰知道。作為擼串的師祖，種地到黃昏的蘇東坡，會在夜裡約了朋友在坡上生起篝火，偷偷夜烤。擼串的肉是牛肉，雖來自鄰居生病的黃牛，蘇東坡也不以為意。喝醉了，便在坡上打盹，城門關了回不了家，就翻翻牆頭，或者索性扁舟江上，看看月亮，聽聽風聲，反正──人生沒有過不去的坎，雖然沒有羊肉吃。

吃不起羊肉的不只蘇東坡，還有他那愛吃羊肉的朋友韓宗儒。韓小哥家裡窮，買不起肉吃，有一日，他把蘇東坡寫給他的信送給殿帥姚麟，居然換回了十幾斤羊肉。韓小哥自從發現了這個好辦法，簡直開心得要瘋，於是不斷給蘇東坡寫信，催促老蘇回信。次數多了，終於有人告訴了蘇東坡，王羲之用字和道士換鵝，你的字被人拿去換羊肉了。

陽光燦爛的午後，美食研究者蘇東坡開始了偉大的羊脊骨烹飪研究：把羊脊骨徹底煮透，澆上些酒，點鹽少許，接著用火烘。這一步必不可少，為的是讓鹹鮮沁入，骨肉微微焦香。蘇東坡對弟弟說：哇，細佬啊，你曉得嗎，這麼吃羊骨頭裡的碎肉哦，吃起來像螃蟹哎！一切都很好，就是我的狗，對我很有意見。每次我都把骨頭上的肉啃得太乾淨，狗狗們都很不開心啊！

從 1094 年 10 月被貶居惠州，到 1097 年 7 月再度被貶海南島上的儋州，蘇東坡在惠州一共待了 900 來天。在這 900 來天裡，蘇東坡經歷了偏僻，經歷了凋敝，他最愛的小妾朝雲在這裡病逝，但他依舊堅強地活著，三五日吃一次羊脊骨，津津樂道於改進羊肉的吃法：杏仁茶和羊肉同煮，口感更佳；要去除羶味，可在羊肉裡加一點胡桃⋯⋯他的心裡並沒有悲傷，只是他更願意把光明帶給身邊的所有人，除了那幾隻吃不到羊肉不開心的狗。

浙江人魯迅的戀「腿」癖

文／李舒　插畫／Tiugin

作為一個典型的浙江人，魯迅對於火腿的熱愛簡直可以稱為「民國第一」。

聽說明天要吃蔣腿了，但大約也是蒸。

魯迅

魯迅愛下館子，當然和他的高收入有關，據陳明遠在《文化人的經濟生活·魯迅生活的經濟背景》中說：「魯迅在上海生活的整整九年間（1927年10月～1936年10月）總收入為國幣78000多圓，平均每月收入723.87圓（約合今台幣8萬7千元）。」

如果民國要評選美食達人，魯迅一定可以靠著經驗值排名前三。看《魯迅日記》，1912 年 5 至 12 月份，這位愛吃北方飯的紹興人下了 30 多次館子，去得最多的是紹興會館附近的廣和居，達 20 多次。

魯迅的口味，並不偏向南方。廣和居、致美樓、便宜坊、集賢樓、覽味齋、同和居、東興樓、杏花村、四川飯店、中央飯店、廣福樓、泰豐樓、新豐樓、西安飯店、德國飯店……統統留下了他的足跡。對於家鄉菜，魯迅有一種很奇怪的矛盾感。他的原配夫人朱安其實很會做飯，在他們家吃過的人都說「師母會做很多家鄉菜」，可是魯迅卻經常批評，比如朱安喜歡用梅乾菜，口味比較單一。但另外一方面，他也有自己特別喜歡的浙江食材，比如火腿。

作為一個典型的浙江人，魯迅對於火腿的熱愛簡直可以稱為「民國第一」。在寫給許廣平的信裡，他抱怨說：「雲南腿已經將近吃完，是很好的，肉多油也足，可惜這裡的做法千篇一律，總是蒸。聽說明天要吃蔣腿了，但大約也是蒸。」魯迅在北平做「北漂」的時候，常常向不熟悉火腿的北京人介紹火腿的一百零一種做法，最常做的是「干貝燉火肉」，他曾對北大教授川島（原名章廷謙）說：「干貝要小粒圓的才糯。燉火腿的湯，撇去浮油，功用與魚肝油相仿。」

大概知道魯迅愛吃火腿，朋友們也經常贈送此物。比如 1912 年 12 月 30 日的日記裡，便有「夜銘伯以火腿一方見貽」。第二年 2 月 10 日，又收穫「火腿一塊」。自己家鄉寄了火腿來，魯迅同樣送給朋友。當然，魯迅和火腿最著名的故事還是那個至今莫衷一是的「送火腿給毛主席」傳說。根據 1968 年馮雪峰寫的回憶材料，在魯迅逝世前不久，「即 1936 年 10 月初或 9 月底，我（指馮雪峰，下同）曾由交通送一隻金華火腿（魯迅送給主席的）三罐或五罐白錫包香煙（是我送給主席的），一二十條圍巾（我為中央領導同志買的）到西安轉延安……我一到延安就知道火腿和紙菸都沒有送到，只有圍巾是送到的。我見到主席時，主席只說他知道魯迅送火腿的事情。張聞天對我說過，火腿和紙菸都給西安他們吃掉了，圍巾是送到的。」不過，馮雪峰的祕書周文則回憶，火腿最終送到了延安，毛澤東見到很高興：「可以大嚼一頓了。」隨即將火腿切成許多塊，分給大家享用，火腿對於延安的絕大多數人來說當然是稀罕物。不過，在長征的時候，紅軍曾經在雲南宣威弄到大批火腿。李一氓回憶：「炊事班把它剁成塊狀，放進大鍋，摻上幾瓢水，一煮。結果火腿肉毫無一點味道，剩下一大鍋油湯。有的同志很精，聲明不向公家打菜，分一塊生火腿，自己拿去一蒸，大家這才知道宣威火腿之所以為宣威火腿也。在這點上，蕭勁光同志收穫甚大，他的菜格子除留一格裝飯之外，其他幾格全裝了宣威火腿。」

可是北京人對火腿還是不太買帳，他們覺得火腿更多是一種「吊出鮮味」的配料，比如袁世凱每頓愛吃的燉白菜，都要用火腿末作陪。張伯駒因為在唐魯孫家做客，吃到一道火腿炒豆腐渣，饞得一塌糊塗，隔天就派人送了一整隻蔣腿去唐家，請唐家的廚子再做一次炒豆腐渣，鹽業銀行副總經理韓頌閣笑評為：「俗語有句吃豆腐花了肉價錢，今天我們吃豆腐渣花了火腿價錢。」最誇張的例子是張伯駒在《春遊紀夢》說的，捐班出身的湖北漢陽知縣裘行恕為了誇耀顯赫，自己發明了一道創意菜「火腿豆芽」，做法是「揀肥嫩綠豆芽、選上等雲南及金華火腿，蒸熟切成細絲，以針線引火腿絲貫於豆芽內煮之」。本來看吃必餓的我，看到這裡毫不動搖，這道菜必然不會好吃。

「大胃王」路易十四

文／艾微　插畫／ Tiugin

如日中天的法國國王路易十四被譽為「太陽王」。而在背地裡，人們贈予他另一個綽號—「大胃王」。

讓我們分享國王所賜的肉吧！

路易十四

讓我們來看看 1662 年的一份菜單，感受一下：

第一道　　主菜：燉肉，通常是塞滿香料的鴨子、山鶉或是鴿子等
　　　　　前菜：山鶉配捲心菜，鴨肉，凍雞肉，菲力牛排配黃瓜
　　　　　開胃菜：熱烤雞
第二道　　主菜：四分之一隻小牛肉
　　　　　烤肉：兩隻母雞和四隻兔子
　　　　　開胃菜：兩份沙拉
第三道　　主菜：山鶉派
　　　　　副菜：蔬菜和水果
　　　　　開胃菜：烤羊睪丸；烤牛肉，綴以牛腰、洋蔥和奶酪
甜點：　　糕點，草莓和奶油，全熟煮雞蛋

　　路易十四是法國在位時間最長的國王。他在位期間，法國的國力空前強大。除了安邦治國，在吃這方面，路易十四也可謂從小就天賦異稟。

　　據說，他在嬰兒時期就對吃表現出了異於常人的興趣。他的第一個奶媽伊麗莎白·昂塞爾因為他的貪吃而筋疲力竭，在不到三個月的時間裡，就由於乳房被小路易的門牙咬傷而不得不提早退休。在此之後，有 8 個奶媽前仆後繼，滿足小路易的好胃口。

　　等到路易十四成年之後，因為日理萬機，他需要進補大量食物，他的胃口之佳、食量之驚人，更可以說是前無古人。路易十四或許可以說是「直播吃飯」的第一人。他經常公開進食，以證明自己體力充沛。

　　於是，觀看國王路易十四用餐，成了當時十分流行的一件大眾消遣活動。所有穿著得體的人都能夠被允許參觀。聖西蒙公爵在凡爾賽宮住了 20 年，晚年寫回憶錄記載了在宮廷中的見聞。他說路易十四「從來不知道什麼叫作『餓』，但是他只要喝下一勺湯便會胃口大開。無論是在早晨還是夜晚，他吃起來食量驚人，蔚為壯觀，以至於看他吃東西從來不會讓人感到厭倦」。

　　晨起簡單進食後，路易十四在一天當中有兩頓大餐。午餐在下午 1 點開始，被稱為「小食」(le petit couvert)。晚餐在晚間 10 點，被稱為「大食」(le grand couvert)。據說，大小之分並非根據食物的多少，而是圍觀群眾的多寡。

　　午餐的菜單根據季節的轉換而不斷變換。前菜通常是各種不同的湯品，然後依次是野雞肉、雞肉、羊肉、肉汁、火腿、煮雞蛋、沙拉、糕點、新鮮或糖漬的水果……國王一個人能把這些食物全部吃完。

　　路易十四無疑是肉類愛好者。肉湯是最受他歡迎的菜餚之一，由一大盤肉跟蔬菜燉製而成。由於肉湯受到青睞，當時有 150 多種不同的菜譜。此外，禽類在路易十四的日常膳食中占據了相當大的比重。在宮廷內，有專人負責豢養野雞、孔雀等飛禽。當然，路易十四也很注重葷素搭配。據稱，他很喜歡吃穀物、蔬菜和水果，比如豌豆、蘆筍、草莓等等。更為隆重的筵席還在後頭。吃晚餐是路易十四在一天當中最為喜愛的時刻。

　　路易十四的弟媳帕拉丁夫人見證了他的食量，她說：「他（路易十四）可以吃下四盤湯、一整隻野雞、一隻山鶉、一大盤沙拉、湯汁蒜香羊肉、兩大片火腿、一整盤糕點，除此之外，還有水果和全熟煮雞蛋。」

　　路易十四吃得是那麼專注。他的第二任妻子曼特農夫人日復一日穿著鑲有寶石的華美衣裙坐在他身邊，他卻彷彿視而不見，甚至都懶得說一句話，眼裡只有各種肉。如此種類繁多、數量豐厚的肉是財富的象徵，國力的象徵。

　　如果路易十四舉行招待晚宴，在正式用餐前要舉行就餐儀式。當所有來賓站在桌前等候的時候，王宮總管會高喊一聲：「讓我們分享國王所賜的肉吧！」隨即用一根金百合裝飾的簧管吹出幾個音調，宣告晚宴正式開始。可見肉是多麼的重要和喜聞樂見。

　　為了讓國王吃得開心，宮廷內足足有 324 人各司其職、全方位伺候著國王的飲食。在日復一日的大快朵頤中，路易十四發展出了繁複的宮廷用餐禮儀，他無疑是法國大餐最重要的奠基人之一。而對於路易十四來說，更重要的是，王室用餐的奢華和儀式感是君主集權統治的至高象徵。

　　據說路易十四死後，醫生檢查他的腸胃，發現其胃容量大概有常人的兩倍大，可說他是個名副其實的「大胃王」。

單純的人，多吃一塊雞

文／蔣小娟　插畫／Tiugin、蔓蔓

在麥兜的世界裡，人生就算再困頓，沒有魚蛋也沒有粗麵，可至少還有一塊雞。

先有雞，先有蛋？

麥兜

這位臀肉結實，功課馬虎的港產小豬，分不清 Umbrella（雨傘）和 Banana（香蕉），卻將舒伯特 F 小調第 3 號作品唱得行雲流水，並且填上了自己的歌詞，我們將之命名為《麥兜與雞》，這首歌讚頌了雞肉包、碟雞飯、啫啫雞、四寶雞扎、豉油皇雞翼，它為一切雞肉料理獻上讚美！

「我最喜歡吃雞，我媽媽最喜歡吃雞，我最喜歡和我最喜歡的媽媽一起吃媽媽跟我最喜歡的快快雞（麥樂雞）。」這是家住香港九龍大角咀，春田花花幼稚園豬樣小朋友麥兜的自我介紹。

香港的飲食屬於粵菜一脈，同廣東一般同屬吃雞重鎮，兼中西混雜，家常雞肉料理數不勝數。所以，春田花花幼稚園的小朋友們有如下世界觀也不足為奇：「得巴問麥嘜：『先有雞先有蛋？』」麥嘜沉吟半晌，問：「你說的是鹽焗還是滷水啊？」

放了學大家結伴去茶餐廳加餐，沒有魚蛋，沒有粗麵也沒關係，茶餐廳裡提供的款式相當廣泛。進門奉一杯粗糙的茶水；餐牌永遠壓在檯面玻璃下；A餐總是火腿通粉／香腸／蛋，咖啡或茶；跑堂夥計說著茶餐廳黑話，又急又凶……在這裡，愛吃雞的麥兜大可點上一份煎雞排、油雞腿、瑞士雞翼，或是北菇滑雞煲仔飯，當然夥計必然會凶巴巴地警告你：「煲仔飯要等噢。」

有人問過，麥兜系列的創作者謝立文與麥家碧到底在其中埋了多少食物？還真是算不過來。連光頭校長訓話，開口便是「蛋撻」、「荔芋火鴨扎」，潮州口音鏗鏘有力，校長業餘還經營德和燒味……香港人對食物的深厚感情，與時代記憶骨肉相連。香港人自己說，我們的根在茶餐廳。

麥兜出生在一個生活不算寬裕，甚至有一些困窘的單親家庭。他資質平平，懵懵懂懂，雖然用功讀書，但是連「orange」（橘子）都拼不對；去長洲拜師學滑浪風帆，想將來奪得奧運金牌，結果糊裡糊塗地去學了搶包山。屢戰屢敗的麥兜，成績始終難看，嘆氣之餘，麥太還是獎勵了他一個雞腿：「不要緊了，你吃雞吧。以後你叻仔（有出息）最好，如果真的不叻仔，我們兩母子，多吃塊雞。」小時候的苦惱不過是考試，長大了才發現大千世界如同鬥獸場，辛苦謀生，汲汲營營，撐不下去時總

能加個雞腿，宛如日常生活的微小儀式，給自己打氣。

雞肉價平，被稱為窮人的蛋白質，而它偏偏又甚好料理，與各種食材都相得益彰，哪怕只有蔥、薑、水，也可以烹出一隻玉樹臨風的白雞。而廣式燒味鋪子更少不了一味玫瑰豉油雞，其鮮美全賴調味的醬油、冰糖、玫瑰露酒。香港人還發明了跟瑞士毫無關係的瑞士雞翼，所用的「瑞士汁」實際上是中式醬油混合各種香料的一種甜味滷水。這道菜可謂香港「豉油西餐」（改良式、不地道的西餐）的代表作，也充分印證了吃雞重鎮思路之廣。

而萬能媽媽麥太，還將這般開闊的思路引入了火雞料理。某年聖誕，麥太為了實現麥兜多年的心願，斥「巨資」購入一隻火雞。麥兜的第一口火雞，濃烈盛大，火雞的香氣在每一個味蕾裡跳躍閃爍。「上升的白煙連同升起的香味混合在一起，微波爐裡發出嘶嘶嚓嚓的聲音，就好像天使給我們的福音。」只可惜，為了物盡其用，麥太將這隻火雞從聖誕吃到了端午，誕生了諸如千島汁火雞老抽和櫛瓜、銀芽火雞絲炒米、花生火雞骨煲粥、蝦米火雞絲煮櫛瓜等輝煌菜式。直到端午節那天，麥兜剝開粽子，在鹹蛋黃的旁邊發現一粒火雞肉……終於受不了，哭了起來。麥太默默地丟掉了剩下的，火雞的靈魂終得安息。

你看，人生就是一場尷尬，像一隻冰了半年的火雞。然而為了第一口火雞的濃烈與盛大，我們依然熱愛它。

而屢戰屢敗、屢敗屢戰的麥兜，依然可以沒心沒肺地高唱「All things bright and beautiful」（一切光明美好）。這樣也很好，就像謝立文在《麥兜響噹噹》中所寫的：「我們總希望單純的人可以成功，但單純的人往往失敗。但單純的人，你最好成功，否則的話，我們一起，多吃塊雞。」

美人捲簾吃豬頭

文／李舒　插畫／Tiugin

《金瓶梅》常年被認為是一本小黃書，但實際上，稱呼它為美食小說也無不可。《金瓶梅》裡的女人，不僅愛吃，也會做，比如，這個著名的豬頭。

一根柴火
燒出稀爛的好豬頭。

潘金蓮

這個豬頭實在太著名了，成書以來，從晚明到清乃至民國，提起它的人、想念它的人不勝枚舉。據說，當年社科院文學所的某研究員給投考他名下的碩士研究生出了道題：「《金瓶梅》人物中，誰用一根柴火燒爛了一個豬頭？」

我喜歡看《金瓶梅》，因為裡面的美人是生活化的。《紅樓夢》裡，芳官看了「蝦丸雞皮湯」和「酒釀清蒸鴨子」就皺眉頭說「油膩膩的，誰吃這些東西」，饞人如我，恨不得跑到書裡去，大喝一聲：「油膩你個大頭鬼，不吃給我！」

而《金瓶梅》裡，潘金蓮、孟玉樓和李瓶兒三位佳人賭棋，李瓶兒輸了後，三個人居然商量著拿賭注買了金華酒和一個豬頭，讓宋蕙蓮去做最著名的「一根柴火燒出稀爛的好豬頭」。

豬頭是宋蕙蓮做的，然後這功勞卻要記在小潘潘頭上。正月裡，主人和主婦出門走親戚，金蓮、玉樓和瓶兒三個人在房裡下棋，玉樓提議輸了的要出錢，分明是針對李瓶兒——以金蓮和玉樓的聰明，李瓶兒的這盤棋，必輸無疑。

金蓮的提議實在別致，「賭五錢銀子東道，三錢銀子買金華酒兒，那二錢買個豬頭來，教來旺媳婦子燒豬頭咱們吃。說他會燒的好豬頭，只用一根柴火兒，燒的稀爛。」下棋的是美人，商議吃豬頭的也是美人。這是《金瓶梅》作者的高明之處，這不是官宦家的美人，是商人家的美人，雖然有點粗俗，卻委實鮮活。

細心的玉樓故意問：「大姐姐不在家，卻怎的計較？」自從李瓶兒嫁進來之後，玉樓和金蓮總是形影不離，貌似結盟，玉樓卻比金蓮更聰明。連吃個豬頭，都不忘了禮數。金蓮心大，只說：「存下一分兒，送在他屋裡，也是一般。」

果然，李瓶兒輸了，這個書裡最誘人的豬頭，終於激動人心地呈現在了我們面前：

「（宋蕙蓮）舀了一鍋水，把那豬首蹄子剃刷乾淨，只用的一根長柴火安在灶內，用一大碗油醬，並茴香大料，拌著停當，上下錫古子扣定。」不用兩個小時，一個油亮亮、香噴噴、五味俱全皮脫肉化的紅燒豬頭就可起鍋了。再切片用冰盤盛了，

連著薑蒜碟兒送到了李瓶兒房裡，三個美女居然就著酒，吃完了一整個豬頭。看這段描寫簡直可以就兩碗米飯，唐魯孫後來也仿效了一回，只是用溏心鮑配著燒豬頭，更加浮誇。

兩個小時就能把豬頭燒爛，一來在於灶頭火旺，二來確實是蕙蓮的本事。她用「錫古子」扣定，是為了讓鍋內的高溫蒸汽不散發。「錫古子」是何物？《金瓶梅大辭典》釋義為：「有合縫蓋子的錫鍋，上下相合，圓形如鼓，應作『錫鼓子』。」有四川朋友告訴我，四川方言裡也有「古子」（應寫作『盬子』），一般多指盛食物用的器皿，其狀為「鼓形」，過去多為土陶、搪瓷製品。從文中看，這「錫古子」也許就是明朝的壓力鍋吧。

宋蕙蓮這個姑娘，品位不高，喜歡穿「怪模怪樣」的紅綢對襟襖和紫絹裙子，但做飯手藝委實高超。她原本是賣棺材的宋仁的女兒，先前賣在蔡通判家裡，和夫人合夥偷漢子，結果被趕了出來，嫁給了廚子蔣聰。蔣聰死後，月娘又把她嫁給了來旺兒。燒豬頭的本事，應該是跟前夫蔣聰學的。

在整本書裡，宋蕙蓮出現不過短短五回，西門慶霸占的女子，蕙蓮不是第一個，也不是最後一個。金蓮先肯容她，還為她和西門慶的偷情打掩護，然而蕙蓮居然第一個嘲笑的就是金蓮，理由是自己的腳更小一些。和西門慶苟且的時候，也只有蕙蓮，想到的是和西門慶要錢要衣服要首飾，甚至要香茶餅（明朝口香糖）！

可也是這個蕙蓮，在丈夫來旺兒被西門慶逼死之後，居然上吊死了。一個一輩子慣於偷漢的婦人，居然這樣貞烈。這樣複雜的人物，大概只有《金瓶梅》裡才有，「看不出他旺官娘子，原來也是個辣菜根子，和他大爹白搽白折的平上」。

我始終對這個燒豬頭的宋蕙蓮，存著一絲敬意。

《紅樓夢》裡的鹿肉派對，你想參加嗎？

文／李舒　插畫／ Tiugin

《紅樓夢》裡，最不想吃的是賈母的小廚房：蒸羊羔、鹿肉、野雞湯……似乎都是孩子們吃不得的高級滋補食材。相比之下，還不如去吃薛姨媽的「糟鵝掌鴨信」。不過，當鹿肉變成了 BBQ，氣氛一下子年輕起來，我始終覺得，這才是真正的詩和遠方。

在眾多的鹿製品中，最流行的當屬鹿尾，康熙年間，「京師宴席最重鹿尾，雖猩唇、駝峰，未足為比」。到了乾隆年間，一度請客吃飯「不甚重熊掌、猩唇，而獨貴鹿尾」。

83 版電視劇《紅樓夢》給我帶來的最大美食震撼，不是花裡胡哨加工十八道的茄子，也不是芳官嚷著嫌膩的胭脂鵝脯，而是雪天裡史湘雲和賈寶玉的烤鹿肉——「他兩個再到不了一處，若到一處，生出多少事來。這會子一定算計那塊鹿肉去了。」大觀園內群芳景致，到了這一場，絕對是高潮。單看大雪中眾人的服色，已經是一道獨特風景，再加上烤鹿肉的生猛，連曹公自己都得意非常，把這一回取名為「琉璃世界白雪紅梅，脂粉香娃割腥啖羶」。

這並不是《紅樓夢》裡第一次提到鹿肉，之前開詩社，大家起筆名。探春說要給自己起名叫「蕉下客」，林妹妹立刻由此想到「蕉葉覆鹿」，於是讓大家把她烤了下酒吃。不過，如此大張旗鼓地搞戶外烤肉派對，確實少見，連見慣了大世面的鳳姐來了，都忍不住說：「吃這樣好東西，也不告訴我！」

李時珍曾記載，食用鹿肉的最佳時間是「九月以後，正月以前」，「他月不可食」，《紅樓夢》裡的姐妹們在入冬第一場雪吃鹿肉，正當時。鹿肉是好東西，卻不能常吃。事實上，以鹿肉為貴，是清代才有的習俗——滿人入關之前，滋補的鹿肉是他們抵禦寒冬最佳的補品，努爾哈赤和他的將領們曾經不止一次地在夜裡生著篝火烤鹿肉。入關之後，清廷的鹿肉都由東三省進貢，稱為「進鮮」。在東三省的鹿肉進貢中，黑龍江的鹿肉進貢實際較少，盛京和吉林是主要的鹿肉進貢地。盛京每年有三次進鮮、三次鹿貢，所進物品都以鹿肉為主。盛京將軍請安、盛京內務府佐領請安，也要交鹿。將軍請安，交鹿尾 50 個、鹿舌 50 個、湯鹿 10 隻、鹿大腸 4 根、鹿盤腸 8 根、鹿肚 4 個、鹿肝肺 4 份、鹿 10 隻、鹿腸 12 根；佐領請安，交鹿尾 40 個、湯鹿 20 隻。（《盛京通鑒》卷 2，台北文海出版社 1967 年版，第 57-62 頁）這只是日常進貢，如果遇到接駕

或者恭賀宮裡萬壽，還會額外進貢鹿製品，如梅花鹿、角鹿、鹿羔、鹿羔皮、曬乾鹿尾、曬乾鹿舌……

道光時期的官員梁章鉅曾為軍機章京，入值樞禁，難免勞累，於是讓家廚子給自己烹調鹿尾。做好之後，梁夫人親自操刀細切，足見對這種食材的珍視。京城居住的旗人到了過年，都要買年菜，其中也有鹿肉，所謂「鰉魚鹿肉又湯羊，年菜家家例有常」。

但這種愛好似乎一直只在旗人之間和京師流行。江南美食家袁枚就曾經提出，鹿尾雖然好吃，「然南方人不能常得，從北京來者又苦不鮮新」。鹿尾的運輸似乎一直是大問題，據說一旦久放，就「油乾肉硬，味不全矣」——所以，賈母特意告訴賈寶玉，強調「今天有新鮮鹿肉」。曹雪芹家一定是吃過鹿肉的，因為康熙年間，擔任蘇州織造的李煦曾經進呈嘗鮮的江南鮮果與露酒，康熙回贈的，便是鹿肉條和榛子等——李煦的妹妹是曹雪芹爺爺曹寅的妻子。

這樣珍貴而傳奇的鹿肉，我一直無緣得見，到了北京，有一回有人在「烤肉季」宴請，店裡有一盤鹿肉筍尖，價格不菲。我厚著臉皮點了，上桌之後，忽然發現吃起來毫無滋味，只是有嚼勁。反而一次在巴黎，被侍者推銷了一道紅酒燴鹿肉，選用的是印度花鹿，生肉呈深紅色，上桌之後，吃起來非常柔和，且幾乎沒有多餘的脂肪，但最後結帳時看到帳單，頗為心驚，從此再也不敢隨便點鹿肉了。

看來，對於鹿肉的態度，我始終和林妹妹一樣，只能遠觀，無法欣賞。

參考文獻：楊春君，《民族與時尚：清代的鹿肉消費及其特徵》，《安徽史學》。

108 位大宋通緝犯與牛肉的謠言

文／蔣小娟　插畫／Tiugin

如果沒有牛肉，施耐庵怎麼寫得出《水滸傳》？

切二斤熟牛肉來！

武松

也許是《水滸傳》裡的熟牛肉太過深入人心，後世小說寫到俠客，總也逃不出大碗喝酒大塊吃肉的套路。《神雕俠侶》裡，風陵渡口那一夜，郭襄小姑娘拔下頭上的金釵換酒：「店小二，再打十斤酒，切二十斤牛肉，我姐姐請眾位伯伯叔叔喝酒，驅驅寒氣。」長夜蕭蕭，對於江湖客來說，有什麼比大塊牛肉更能安撫臟腑，更方便彼此分享呢？

《水滸傳》是一本牛肉味的書。施耐庵不愛寫食物，通篇不過寥寥幾十處，而且幾乎一樣：

> 武松拿起碗一飲而盡，叫道：「這酒好生有氣力！主人家，有飽肚的，買些吃酒。」酒家道：「只有熟牛肉。」武松道：「好的切二三斤來吃酒。」
>
> 林沖又問道：「有甚麼下酒？」酒保道：「有生熟牛肉、肥鵝、嫩雞。」林沖道：「先切二斤熟牛肉來。」

熟牛肉熟牛肉熟牛肉，施耐庵大人，您是在複製貼上嗎？！

確實，讀《水滸傳》經常給人一種錯覺——大宋完全是牛肉愛好者的天下。這太讓人迷惑了，畢竟在忠實記錄汴京風物的《東京夢華錄》中，作者孟元老回望故國，流著口水報菜名，鋪天蓋地的「兩熟紫蘇魚、假蛤蜊、白肉夾麵子、茸割肉、胡餅、湯骨頭、乳炊羊……」寫遍了汴京的酒肆茶樓、肉行魚行餅店，雞鴨鵝鶉鶉、豬羊獐子應有盡有，還吃可愛的兔兔，就是不見牛肉。

要知道，《東京夢華錄》描述的是宋宣和年間京師盛景，而宣和正是宋徽宗的年號，就是《水滸傳》中那位夜會李師師的風流皇帝。兩本書的時代背景嚴絲合縫，但在食物的記述上卻相去甚遠。若說可信，當屬《東京夢華錄》，因為有大宋律法為證，《宋刑統》明確有「諸故殺官私牛者，徒一年半」，「主自殺牛馬者徒一年」的法條。農耕社會，耕牛地位尊崇，受官府保護。牛有戶口（牛籍），生老病死都記錄在冊，要宰殺老邁或病殘的耕牛先得去官府註銷戶口，不能隨隨便便吃牛，殺牛賣肉多為黑市交易。

那為何施耐庵筆下的好漢偏偏中意吃牛肉呢？一種說法是，施耐庵畢竟是元朝人，蒙古人愛吃牛羊肉，毫不忌諱。另一種說法是，《水滸傳》本是一個造反的故事，梁山好漢落草為寇，越是官府嚴禁的他們越是要觸犯。施耐庵這樣寫才符合人物的身分。更何況，身為粗豪俠義的好漢，吃魚蝦太過麻煩，吃雞鴨沒有氣勢，要想耍帥，還是大塊牛肉最般配。

在真實的大宋生活，羊肉才是菜單上的大明星，北宋的宮廷御宴主打羊肉菜，因為嫌棄豬肉，牛肉又不能吃，能擔當主菜的只有羊肉了。權貴階層熱愛羊肉，偏偏北宋又不產羊，所以羊肉價貴，並非平民階層能消費的。《水滸傳》中，黑旋風李逵就因為店小二表示店中只賣羊肉而大為光火，覺得店小二狗眼看人低，欺負他吃不起羊肉。實際上北宋中葉，朝廷每年要花四十萬貫從契丹買羊，主要供宮廷之用，餘下的拿到市場上高價出售。傳說宋太宗時從西夏買了羊羔，運到河北放牧，結果小羊羔啃光了農田裡的秋苗，朝廷算了筆帳，自主養羊還是不如進口。

羊肉這麼貴，民間免不了暗渡陳倉地偷吃牛肉。北宋極其富庶，耕牛充足，所以官府對民間偷偷宰牛也睜一隻眼閉一隻眼。這才會有《水滸傳》裡店家口中的「新宰得一頭黃牛，花糕也似好肥肉」——老邁的黃牛絕無可能有這般肥美肉質。

梁山好漢個個愛吃牛肉，也不挑剔，只求個飽腹充飢。要我說，全書最懂牛肉的還是母夜叉孫二娘。她在十字坡用蒙汗藥迷倒武松一行，查驗了下貨色，喜不自勝：「你這鳥男女只會吃飯吃酒，全沒些用，直要老娘親自動手！這個鳥大漢卻也會戲弄老娘！這等肥胖，好做黃牛肉賣。那兩個瘦蠻子只好做水牛肉賣。」

黃牛肉當然與水牛肉不可同日而語，必須得是武松這等好貨才能充得。母夜叉此舉可真是貨真價實，童叟無欺了。

推理女王可不是吃素的

文／蔣小娟　插畫／Tiugin

不愛吃肉怎麼寫得好謀殺案？看她的自傳，可以發現阿婆的口味其實很單純——喜歡肉和甜食。

英國人沒有什麼美食，只有食物。

阿嘉莎

阿婆愛吃，她在自傳中就寫過：「我喜歡陽光、蘋果、幾乎任何音樂、列車數字遊戲、任何有關數學的東西；喜歡航海、洗澡和游泳；我好沉默、睡覺、做夢、吃東西，喜歡咖啡的味道、山谷中的百合花、狗；喜歡看戲。」

對於英國菜，大偵探白羅有一段光芒四射的吐槽：「英國人沒有什麼美食，他們只有食物。肉烤得太熟了，蔬菜太軟了，奶酪完全不能吃。等英國人開始生產酒的時候，我就打算回比利時了。」

針針見血，不愧是食物鄙視鏈上層的法語區人民。這位有著蛋形頭顱、引以為傲的八字鬍，衣著講究，總穿著閃亮漆皮鞋的小個子老頭，搭過東方快車，乘過尼羅河郵輪，以密室推理法行走江湖。而創造這一切的阿嘉莎·克里斯蒂，被書迷們親切地稱作「阿婆」，是推理小說的祖奶奶，也是作家們必須群起轉發的錦鯉——她的書足足賣了10億冊，是至今無人超越的銷量紀錄。

生長在黑暗料理大國，喜歡吃東西的阿婆一直不遺餘力地吐槽英國食物，除了借白羅之口，她在自傳裡也常常譏諷一番：有次她坐船從義大利去希臘，船上的羊排異常可口，但義大利主廚擔心她吃不慣，說可以做英國菜給她吃。阿婆慌忙搖頭，內心很崩潰，「但願他別到英國來，以免他看到真正的英國菜」。

看她的自傳，可以發現阿婆的口味其實很單純——喜歡肉和甜食，而這些偏好被原封不動地移植到了白羅身上。別看大偵探查案時冷靜睿智，一到用餐時間，常常被英國菜氣得想回比利時。雖然每天早上傲嬌地堅持要吃歐陸式早餐——咖啡配牛角可頌，白羅還是承認：比起英國的晚餐，英式早餐倒也算差強人意。

英國人熱中的英式早餐曾被小清新愛好者批評為「油炸食品開會」，確實也沒錯……但在英國這樣寒冷的島國，早上不吃一大份熱騰騰的培根、炒蛋、黑布丁（血腸），如何去打敗窗外的淒風苦雨？反而南歐人民更習慣吃火腿冷切，西西里陽光燦爛，何必費事一大早開燈點火。

開玩笑說一句，還有什麼比一頓英式早餐更適合殺人兇手？陰雨天出門作案，必須得有這麼一頓高蛋白、低碳水的早餐打底。既能給作案提供充分體力，又能保證不讓過高的碳水化合物妨礙注意力集中……話說回來，英國人對犯罪小說的熱愛深入骨髓。他們從來不崇尚輕鬆快樂，更傾向於在偵探小說、政治醜聞與黑色笑話裡找樂趣。在這個陰雨氣質的國家，早起不吃點肉還真撐不下去。

阿嘉莎也極熱愛旅行，她最精彩的小說大部分是從旅行中獲取的靈感。她搭乘東方快車橫穿歐亞：「列車每停靠一站，我都環顧站台，觀看人們各式各樣的服裝，鄉下人在站台上擠來擠去，把不曾見過的熟食賣給車上的乘客。烤肉串、包著葉子的食物、塗得五顏六色的雞蛋，應有盡有。列車越往東行，膳食變得越難以入口，頓頓都是一份油膩而無味的熱飯。」

「油膩而無味的熱飯」應該是中東地區常見的手抓飯。但阿婆顯然沒有把她真實的經歷寫進小說，出於一種彌補心理，她給餐車配了清燉小雞、清蒸魚之類的主菜。可能在阿婆心中，東方快車多少是大歐洲舊夢的投影，美食美酒、衣香鬢影，才最適合發生撲朔迷離的謀殺——描寫「人性的惡」，處理得越是優雅凝重就越是暗流洶湧。

評論家說阿婆是個老派的人，她相信這個世界應該有一個秩序，好人有好報，壞人有壞報。所以她的筆下很少有人性的複雜灰色，總是非黑即白。她固守的是已經分崩離析的老歐洲的道義信條。那是茨威格在《昨日世界》裡念念不忘的歐洲，也是安德森在《布達佩斯大飯店》裡一再緬懷的歐洲。細想來，片中對大飯店經理古斯塔夫先生的定義，套在阿婆身上也再合適不過了：

「其實那個昨日的世界，在她進入之前就不存在了，而她有幸依靠幻想，優雅地在那裡度過了一生。」

肉食者不鄙

文／汪曾祺　插畫／Tiugin、柚子沫

汪曾祺先生曾經說，人對於食物要寬容一點，不要這個不吃那個不吃，應該長期保持興趣，什麼都嘗一嘗。這篇《肉食者不鄙》，是汪先生的肉食料理指南。

吃肉，
一般是要喝酒的。

汪曾祺

一句「曾經滄海難為水，他鄉鹹鴨蛋，我實在瞧不上」，讓廣大愛吃群眾記住了高郵鹹鴨蛋，也記住了來自高郵的汪曾祺。汪曾祺的愛吃，在現代文學史上是出了名的，身為文壇上的美食家，汪老談吃並不晦澀，他筆下的食物是好玩的、有煙火氣的。肉食者從「鄙」到「不鄙」，就是汪曾祺式的談吃。

獅子頭

獅子頭是淮安菜。豬肉肥瘦各半，愛吃肥的亦可肥七瘦三，要「細切粗斬」，如石榴米大小（絞肉機絞的肉末不行），荸薺切碎，與肉末同拌，用手搏成招柑大的球，入油鍋略炸，至外結薄殼，撈出，放進水鍋中，加醬油、糖，慢火煮，煮至透味，收湯放入深腹大盤。

獅子頭鬆而不散，入口即化，北方的「四喜丸子」不能與之相比。

周總理在淮安住過，會做獅子頭，曾在重慶紅岩八路軍辦事處做過一次，說：「多年不做了，來來來，嘗嘗！」想必做得很成功，因為語氣中流露出得意。

我在淮安中學讀過一個學期，食堂裡有一次做獅子頭，一大鍋油，獅子頭像炸麻團似的在油裡翻滾，撈出，放在碗裡上籠蒸，下襯白菜。一般獅子頭多是紅燒，食堂所做卻是白湯，我覺最能存其本味。

鎮江肴蹄

鎮江肴蹄，鹽漬，加硝，放大盆中，以巨大石塊壓之，至肥瘦肉都已板實，取出，煮熟，晾去水氣，切厚片，裝盤。瘦肉顏色殷紅，肥肉白如羊脂玉，入口不膩。

吃肴肉，要蘸鎮江醋，加嫩薑絲。

乳腐肉

乳腐肉是蘇州松鶴樓的名菜，製法未詳。我所做乳腐肉乃以意為之。豬肋肉一塊，煮至六七成熟，撈出，俟冷，切大片，每片須帶肉皮、肥瘦肉，用煮肉原湯入鍋，紅乳腐碾爛，加冰糖、黃酒，小火燜。乳腐肉嫩如豆腐，顏色紅亮，

下飯最宜。湯汁可蘸銀絲卷。

梅乾菜燒肉

這是紹興菜，全國各處皆有，但不似紹興人三天兩頭就要吃一次，魯迅一輩子大概都離不開梅乾菜。《風波》裡所寫的蒸得烏黑的梅乾菜很誘人，那大概是不放肉的。

東坡肉

浙江杭州、四川眉山，全國到處都有東坡肉。蘇東坡愛吃豬肉，見於詩文。東坡肉其實就是紅燒肉，功夫全在火候。先用猛火攻，大滾幾開，即加作料，用微火慢燉，湯汁略起小泡即可。東坡論煮肉法，云須忌水，不得已時可以濃茶烈酒代之。完全不加水是不行的，會焦糊黏鍋，但水不能多。要加大量黃酒。揚州燉肉，還要加一點高粱酒。加濃茶，我試過，也吃不出有什麼特殊的味道。

傳東坡有一首詩：「無竹令人俗，無肉令人瘦，若要不俗與不瘦，除非天天筍燒肉。」未必可靠，但蘇東坡有時是會寫這種打油體的詩的。冬筍燒肉，是很好吃。我的大姑媽善做這道菜，我每次到姑媽家，她都做。

黃魚鯗燒肉

寧波人愛吃黃魚鯗（黃魚乾）燒肉，廣東人愛吃鹹魚燒肉，這都是外地人所不能理解的口味，其實這種搭配是很有道理的。 近幾年因為違法亂捕，黃魚產量銳減，連新鮮黃魚都很難吃到， 更不用說黃魚鯗了。

火腿

浙江金華火腿和雲南宣威火腿風格不同。金華火腿味清，宣威火腿味重。

昆明過去火腿很多，哪一家飯鋪裡都能吃到火腿。昆明人愛吃肘棒的部位，橫切成圓片，外裹一層薄皮，裡面一圈肥肉，當中是瘦肉，叫作「金錢片腿」。正義路有一家火腿莊，專賣火腿，除了整隻的、零切的火腿，還可以買到火腿腳爪、火腿油。火腿油燉豆腐很好吃。護國路原來有一家本地館子，叫「東月樓」，有一道名菜「鍋貼烏魚」，乃以烏魚片兩片，中夾火腿一片，在平底鐺上烙熟，味道之鮮美，難以形容。前年我到昆明去，向本地人問起東月樓，說是早就沒有了，「鍋貼烏魚」遂成《廣陵散》。

華山南路吉慶祥的火腿月餅，全國第一。一個重舊秤四兩，名曰「四兩砣」。吉慶祥還在，而且有了分號，所製四兩砣不減當年。

臘肉

湖南人愛吃臘肉。農村人家殺了豬,大部分都醃了,掛在廚灶房梁上,煙燻成臘肉。我不怎麼愛吃臘肉,有一次在長沙一家大飯店吃了一回蒸臘肉,這盤臘肉真叫好。通常的臘肉是條狀, 切片不成形,這盤臘肉卻是切成頗大的整齊的方片,而且蒸得極爛,我沒有想到臘肉能蒸得這樣爛!入口香糯,真是難得。

夾沙肉、芋泥肉

夾沙肉和芋泥肉都是甜的,夾沙肉是川菜,芋泥肉是廣西菜。厚膘臀尖肉,煮半熟,撈出,瀝去湯,過油灼肉皮起泡,候冷,切大片,兩片之間不切通,夾入豆沙,裝碗籠蒸,蒸至四川人所說「粑而不爛」,倒扣在盤裡,上桌,是為夾沙肉。芋泥肉做法與夾沙肉相似,芋泥較豆沙尤為細膩,且有芋香,味較夾沙肉更勝一籌。

醃篤鮮

上海菜。鮮肉和鹹肉同燉,加扁尖筍。

白肉火鍋

白肉火鍋是東北菜。其特點是肉片極薄,是把大塊肉凍實了,用刨子刨出來的,故入鍋一涮就熟,很嫩。白肉火鍋用海蠣子(蠔)作鍋底,加酸菜。

烤乳豬

烤乳豬原來各地都有,清代滿漢餐席上必有這道菜,後來別處漸漸沒有,只有廣東一直盛行,大飯店或燒臘攤上的烤乳豬都很好。烤乳豬如果抹一點甜麵醬捲薄餅吃,一定不亞於北京烤鴨。可惜廣東人不大懂得吃餅,一般烤乳豬只作為冷盤。

漫步信州

文／池波正太郎　譯／何慈毅　插畫／Tiugin

池波正太郎的劇本小說，不少創作素材都是在信州收集的，因此也經常得去信州各地走訪，尤其是松本和長野這兩個城市，不光是他收集素材的「基地」，還是兩處吃喝寶藏。

走，咱們邊散步邊吃。

池波正太郎

去松本的「三河屋」吃馬肉刺身以及火鍋是我的一大樂趣。松本不愧是把馬肉作為特產的城市，頗具地方個性。雖說我在東京從小就習慣吃馬肉了，但無論是烹飪方法還是調味，總覺得這裡的馬肉跟東京的有什麼地方不一樣。或許是長期積累起來的方法吧，總之我感覺松本的馬肉是最好吃的。

在松本，有一家倉庫建築風格的名叫「MARUMO」的咖啡店也不錯。這家咖啡店還經營著旅館，我曾經在這裡住過一宿。

當時我還找到了一家中華料理店，叫「竹乃屋」。這家中華料理店有燒賣、什錦炒麵、糖醋里脊、叉燒麵等等，雖然都是些我們平常吃慣了的普通菜，但這裡的味道與眾不同，特別好吃。

這味道究竟是怎麼做出來的呢？窺一斑而見全豹，我們就拿叉燒做例子吧。他們到現在還是堅持傳統做法，用炭火燒灶製作的。蕎麥麵也是自家生產，所有東西都是精心製作的。現在的店主是第二代。這是一家有著五十年創業史的老店，住在松本的人沒有誰不知道這家竹乃屋中華料理店的。

說是「以前」，但也就不過十五年前吧。那時的長野市是信州一座名副其實的安靜城市，還帶有一點時髦的氣息，會令人回想起戰前的東京。倉庫建築風格的商鋪鱗次櫛比，十分氣派，沿著斜斜的大坡道，朝著馬路盡頭善光寺那座高大的廟宇慢慢上行，真是感到心曠神怡。

二十年前，我第一次在長野住宿的旅館叫「五明館」，當時我到了車站才打電話去預訂的，日後卻成了我的固定旅館了。那旅館整潔乾淨，飯菜也好吃，令人流連忘返。五明館的餐廳名叫「銀扇寮」，那裡做的飯菜也都很好吃。我帶任何一位朋友去吃，他們都說很滿意。

住在旅館的客人還可以在那裡訂購牛排和冰淇淋等等。

蘋果上市的季節，從傍晚到黃昏的那段時間裡，當你出了旅館走進善光寺的樓門，蒼茫暮色中充滿了濃濃的蘋果香味。那是賣蘋果的攤販還沒收攤呢。此時此刻，我總是不由得深深感嘆：「哦，真的是來了信州啊！」

散步回旅館時，我會去風月堂買「珠簾杏」，半夜時分在旅館的房間裡慢慢享用，也不枉費這場信州之旅。

早晨，吃著五明館的火腿洋蔥蛋包飯，先喝一小瓶啤酒。早餐後出了旅館，有時會去松代取材，有時會去戶隱山在街上到處溜達。

當時在長野，稍稍往裡走一點就可以呼吸到清涼的空氣，草木花香隨著微風飄逸而來。這時候，或隨意地走進「一茶庵」，就著用香蔥和芥末拌好的醬油豆慢慢喝幾盅清酒，或在車站附近的小餐廳「彌車」吃著炸豬排喝點啤酒，都是不錯的選擇。

「彌車」的店主以前是在一所高中當老師的。戰後回到長野，開了這家店，但作為廚師，他也積累了很多學藝的經驗。店主夫婦精心製作的西餐與店堂樸實低調的風格十分契合，就是在東京也有許多年輕人說「去過一次就再也忘不了了」。用來給料理做裝飾的水芹，是店主現在擔任籃球教練的那所中學的籃球隊學生從山澗溪水旁摘來的。

用完餐，吃著美味的甜品紅酒果凍，那感覺真是絕妙無比，總是令我心滿意足。

記得過去，在善光寺前面的大街左側有一家叫作「明治軒」的西餐店。上了這家店的二樓，你就會更真切地感到的確是來到了山城的餐館。

現在，「明治軒」沒有了，在長野市也多出了不少像東京那樣花裡胡哨的餐廳。我想，能夠令人回憶起那家明治軒的，恐怕也只有這家「彌車」了吧。

現在的長野，已經變得車水馬龍，人聲嘈雜，也不可能在街道上慢慢行走了。不過，到了夜晚，走進後街里巷，還是可以領略到過去那種濃厚的傳統氣息。「希望在有生之年，在長野居住一段時間」的心願，直到現在，我還難以捨棄。

清遠雞

蘆花雞

海南文昌雞

絲羽烏骨雞

雞鴨鵝百科全書

文／王琳　插畫／喔哦噢嘔少年

如果要對中國境內所有的雞鴨鵝進行「家禽普查」，絕對是項浩大的工程。從野生鳥類到家禽，經過幾千年的陪伴，雞鴨鵝已經徹底跟人類混熟，還弄到了各地身分證。文昌雞、北京鴨、太湖鵝，一方水土養育一方雞鴨鵝，一方雞鴨鵝入一方菜，但凡能以地名作姓名，都是雞鴨鵝界的佼佼者。

岑溪三黃雞

溆浦鵝

臨武鴨

三穗鴨

連城白鴨

金定鴨

北京鴨

獅頭鵝

興國灰鵝

太湖鵝

伊犁鵝

大吉大利，今晚吃雞

文／王琳　攝影／李佳鸞

雞在國人心目中的地位有多高？從雞是唯一入選十二生肖的家禽代表就可以發現端倪，無雞不成席，雞見證了無數中國人飯桌上的重要時刻。天南海北，無論飲食習慣差別有多大，總有一隻雞實力勸和，爆炒熘炸烹，煎燒燜焗扒，中國人譜寫了一部吃雞簡史。

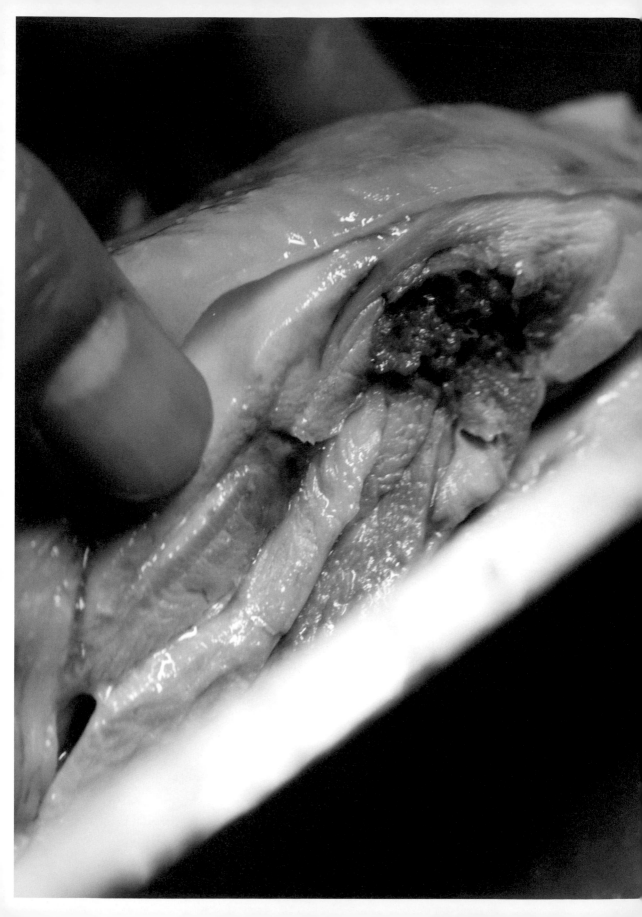

上海人的美好人生——「雞」不可失

文／瑛寶　攝影／李佳鸞

上海人有多熱愛白斬雞呢？在活殺雞的年代，雲南路上每天早上都會上演一幕壯觀的景象。整條街雞毛亂飛，幾百隻雞都在馬路邊宰殺，馬路兩側，擠滿了看熱鬧的居民。

要瞭解一座城市，得從這座城市的「吃」開始。而要瞭解上海的吃，就必須到「老黃浦」去。在地圖上畫一個圈，西起西藏路、東至外灘，北起北京路、南至城隍廟，這個區域，堪稱上海灘美食界的「吃祖宗」。

白斬雞這道菜最能說明問題。上海人愛吃雞，尤其愛吃白斬雞。雲南路上的小紹興，在老上海人心目中，等同於白斬雞的一個別稱。即使到今天，「老黃浦人」過年的餐桌上，肯定少不了小紹興的這盤白斬雞。

許多年輕人可能不太瞭解雲南路的江湖地位。時間拉回 20 世紀，要說生活氣息，整個上海，大概都找不到第二條馬路，能與之相提並論。

最早這裡的街頭小吃名副其實，大餅油條、生煎餛飩，全是臨街露天設攤，整條馬路都交織著熱氣香味吆喝聲。後來小攤頭陸續搬到室內，但仍然保留了攤頭形態，把爐灶設在當門臨窗的位置，油氽烘煎香氣全飄到馬路上。

再後來，餐飲界的「大咖」們紛紛在這裡占了個坑，比如洪長興、五芳齋、燕雲樓、小金陵。

小紹興的創始人最初就是在雲南路上設攤的。來自紹興的父子倆挑著擔子，來到傳說中遍地黃金的大上海，搭了三塊鋪板，從賣雞頭雞腳做起，白手起家，一步步做出了家喻戶曉的金字招牌。

早些年在很多上海小孩心目中，去雲南路吃點心是一樁極其隆重的事。父母能帶自己去一趟大世界，再走兩步到小紹興吃盤雞，簡直比過年還要高興。

每逢春節期間，人山人海這個詞就無法概括

這裡的熱鬧了。西藏南路、金陵東路和雲南南路這三條馬路上，有三支排隊長龍交錯湧動。分別是，西藏路火車售票點買票的、小紹興買白斬雞的，還有小金陵買鹽水鴨的。

這裡經常發生排錯隊的事，趕來買火車票的人，一眼望見金陵路上浩浩蕩蕩的排隊大軍，便急急地湊上去，細問才知道，人家都是奔著反方向小紹興去的。

在過去很長一段時間中，小紹興在「吃雞江湖」無人能敵。哪怕是在 1990 年代的「百雞大戰」中，「榮華雞」、「溫州烤雞」、「德州扒雞」、「東江鹽焗雞」混戰時期，小紹興在激烈的競爭中依然江湖地位不倒。

> 「挑雞首先看面孔。關起來養的雞，面孔就像 『勞改犯』，雪白的。散放在外面的雞呢，面孔就是紅通通的，再掂掂分量，要是有 100天了，這個雞肯定就可以收了。」

小紹興曾經的那句廣告語「美好人生，『雞』不可失」，堪稱上海品牌界的經典廣告案例。

生意最好的時候，小紹興一天營業 20 個小時，大門從早上六點開到凌晨兩點。哪怕是午夜時分，店裡都坐滿了客人。

在活殺雞的年代，雲南路上每天早上都會上演一幕壯觀的景象。整條街雞毛亂飛，幾百隻雞都在馬路邊宰殺，馬路兩側，擠滿了看熱鬧的居民。

計畫經濟時期物資緊張，一家店每天要收進幾百隻活雞，那是件相當不容易的事。想當年，小紹興總廚王兆豐也參與過轟轟烈烈的收雞工作，三部大卡車從市區呼嘯而去，開到浦東的郊區，挑著籮筐的村民在村口集中，望眼欲穿，籮筐裡全是咕咕叫的雞。

挑雞很有講究，嚴格程度堪比古代皇宮選妃，分量、年齡都要剛剛好，以前小紹興用的都是三黃雞。不但要嘴巴黃、腳黃、毛色黃，還要看皮色是不是黃，只有都是黃的，燒出來的雞才肉質細嫩、皮色蠟黃。

「挑雞首先看面孔。關起來養的雞，面孔就像 『勞改犯』，雪白的。散放在外面的雞呢，面孔就是紅通通的，再掂掂分量，要是有 100 天了，這個雞肯定就可以收了。」王兆豐很有經驗。

對村民們來說，這一刻很關鍵。要是雞被小紹興選走，歡天喜地，要是落選了，垂頭喪氣。

收雞有講究，斬雞、燒雞更有門道。「比方講，一隻雞腿要一劈兩，斜著剁，從側面看形成一個半圓形，賣相好吃口也好。煮雞的時候，要把肉煮到酥透，但又不軟爛，然後再放到冷水裡浸，這樣雞皮的質感能夠很好地保持住。」

除了雞肉外，做白斬雞還有一個關鍵環節，就在於那一小碗蘸料。蔥薑的比例要恰到好處，醬油也不是隨便用的，小紹興用的是釀造醬油，有一種豆香味，像 70 後小時候去醬油店打來的那種味道，一大桶醬油最底部，多少有點豆渣沉澱。

精工出細活，每一個環節都到位後，小紹興這

盤雞端上桌，自然是有說服力的。一眼看過去，金黃色的皮下面，裹著白嫩的雞肉，用筷子夾起一塊，在醬料裡輕輕一蘸，醬油的鹹鹹鮮滲入肉中，回味無窮。

劉建強（化名）從小就住在金陵路上，步行到雲南路小紹興只要五分鐘。剛剛改革開放那段時間，他才參加工作不久。那時候休閒娛樂的場所很少，人們要約個地方談事情講生意，只能去浴室、茶館或餐飲店。

小紹興位置好，營業時間長，又人盡皆知，自然成了大家青睞的聚會點。劉建強也喜歡把人約在小紹興，談談事情，吹吹牛皮，吃好講好，各自離開。

「老黃浦」長大的人，對食物的理解有一種傳統的力道。每次家裡要來客人了，劉建強只買兩樣外賣熟食，小紹興的白斬雞和小金陵的鹽水鴨，幾十年如此。他的理由是，「一整盆的東西，看上去賣相好」。

「有些客人吃相好，只夾幾塊嘗嘗味道，剩下來的白斬雞哪能辦（怎麼辦）？倒脫（倒掉）總歸太浪費，客人走後，我就把小紹興的料擺進去，再擺點黃酒，用保鮮膜封好進冰箱，第二天當早飯，滿實惠的。」

「阿拉這一代人，對傳統商品總歸有感情。小辰光（小時候）跟在父母後頭，去小紹興吃雞，後頭長大了，還是習慣小辰光的味道。這種留念的感情，在腦海中是擦不掉的。所以外頭新出的各種各樣網紅店，是沒有這種親切感的。」

這些年，滬上餐飲界的各路網紅層出不窮，一間又一間店鋪從被熱捧到沉寂。而白斬雞這樣的傳統美食，總是不慍不火，以平淡的姿態為上海人堅守著傳統的口味。

哪怕有一天你離家萬里，卻不會忘記屬於這座城市的味道。

｜上海白斬雞吃雞指南｜

● 振鼎雞（福州路店）

振鼎雞的連鎖店幾乎覆蓋了整個上海，味道也不錯，是大家最常接觸到的店。一人食的標準是 1／4 的白斬雞，配上一碗黃澄澄的血湯。

地址： 福州路 440 號

● 小紹興（雲南南路店）

小紹興是上海三黃雞的發源地，肉質十分有保障，清淡的蘸料也能襯出濃郁的雞油香。最後收尾的一口雞粥，負責融合起口中所有味道。

地址： 雲南南路 69-75 號

● 小浦東（昌里店）

小浦東好吃又便宜，是白斬雞店中 CP 值最高的。不單白斬雞，鍋貼、小籠包、小餛飩都值得一試，就算不知道吃什麼，亂點也不會出錯。

地址： 昌里路 360 號

請回答，老北京炸雞

文、攝影／姜妍

一切帶老北京名號的食物都是假的，除了炸雞。

在我「無論多胖，我都不會放棄」的填空名單裡，炸雞絕對可以排名前三。

尤其在夏天。

即使一邊吃一邊感受到脂肪瞬間堆積在腰部，要偷偷放開皮帶扣子，我也不會放棄爭奪盤子裡最後一塊炸雞的機會。

炸雞是全人類共同的美食，這一點，在電視劇裡就可以看出來。韓劇《來自星星的你》告訴我們，初雪就是要和愛的人一起吃炸雞喝啤酒，雖然聽起來沒有邏輯，但這就是最應該做的事。

油炸這種烹調方式，出現得遠遠晚於煮和蒸，這主要是由於——古代人要吃口油實在太不容易了！但是，相比其他烹製手法，油炸能夠在短時間內讓食物表面吸收大量熱並脫水而變得酥脆，內部則因為相對水分損失少而口感軟嫩——外焦裡嫩，就是這個道理。而在眾多炸物中，炸雞簡直一枝獨秀，這種食物油滋滋金燦燦，香味勾魂，咬一口，鮮嫩的雞肉與藏在其中的雞汁混合在口腔，瞬間的幸福感就像煙火一樣在腦子裡綻放。

第一次帶給我這種幸福感的，是衚衕口的老北京炸雞。那時老北京炸雞還叫美式炸雞，肯德基麥當勞等速食店鋒頭正盛，但價格實在太貴，吃一次要夠一家人吃幾頓的，所以媽媽總是給我買美式炸雞來「應付」我——「都是洋玩意，能有多大差別？」

老北京炸雞在居民區最為常見，裹上一層薄薄麵粉的雞肉，放入滾燙的油鍋中，雞腿由外而內漸漸變熟，香氣越飄越遠。在放學路上，總是會忍不住纏著媽媽買一份當晚餐。剛出爐的炸雞香氣在幾十公尺外就能聞到，外皮酥香金黃，總是還沒到家就忍不住打開袋子，嚼得嘎嗞嘎嗞響。

後來，我也知道所謂的美式炸雞其實跟美國

並沒有什麼關係，當時聽起來洋氣的美式炸雞也改名為充滿情懷的老北京炸雞，但我對老北京炸雞的愛卻越來越深。

其實老北京炸雞的做法也不難，雞肉醃過後用熱油炸過，再撒上孜然和辣椒粉，不知要怎麼形容炸雞的香味，但每次聞到總是勾著人去買一袋，這也許就是老北京炸雞的味道，說不上它哪裡好，但就是誰都替代不了。

於是，我帶著對炸雞的愛，和對高膽固醇的蔑視，開始了這篇老北京炸雞研究報告。

| 藏在居民區的老北京炸雞 |

● 白紙坊美式炸雞

這家藏在超市側面衚衕裡的炸雞店，從 1992 年開店至今，已經開了 26 年了，雖然店鋪面積不大，但每到用餐時間，總是顧客盈門，要排上十幾分鐘才能吃到現炸的大雞腿。其實白紙坊炸雞原名叫「燕文美式炸雞」，但慕名而來的人們都習慣叫它「白紙坊炸雞」所以後來索性就依了群眾直接改了名字。

地址：白紙坊西街 1 號

● 香盟炸雞（左家莊炸雞）

說到老北京炸雞，左家莊炸雞是最不能錯過的。炸雞店開在超市裡，有很多人每次路過都要買他家的炸雞腿，回憶年少時的味道。剛出爐的雞腿咬下去油滋滋酥脆脆，水嫩光滑。很多人說，這家店的炸雞代表著老北京炸雞的最高水準，等你吃到的時候，你會發現確實不負眾望。

地址：香河園左家莊三角地 1 號京客隆超市內

● 新橋炸雞店

炸雞香不怕巷子深，說的就是新橋炸雞。雖然開在門頭溝，但絕對值得穿越半個北京城去吃，雞腿火候掌握得剛剛好，酥脆且不油膩，門口的隊伍總是排滿了人行道，帶著整條街都充滿了炸雞的香氣。對了，新橋炸雞離門頭溝另一家名店新新包子只有五分鐘路程，炸雞配包子，才是門頭溝美食之旅的標配。

地址：新橋大街 78-1 號

● 永順炸雞店

永順炸雞店，通州炸雞界的扛霸子。雞腿上大片的雞皮最是吸引人，雖然知道那是滿滿的脂肪，但也義無反顧。永順炸雞的老闆是安徽人，曾經有在全國各地經營熟食的經驗，所以永順炸雞跟其他炸雞店不同，這家店同時賣烤雞和烤鴨，都十分好吃。

地址：新華北路永順商場對面

| 一份完美的炸雞是如何做出來的 |

—醃製—

用祕製醬料醃製3小時以上。

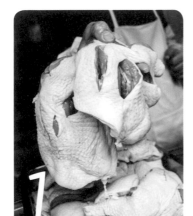

—裹粉—

裹上同樣調味過的麵粉。

—油炸—

第一次下鍋油炸，取出靜置。

—復炸—

第二次下鍋油炸，使表皮更加酥脆。

—切碎—

秤好後可以請店家切碎，邊走邊吃。

—撒料—

雖經過醃製，但店家還會附贈孜然、辣椒粉。

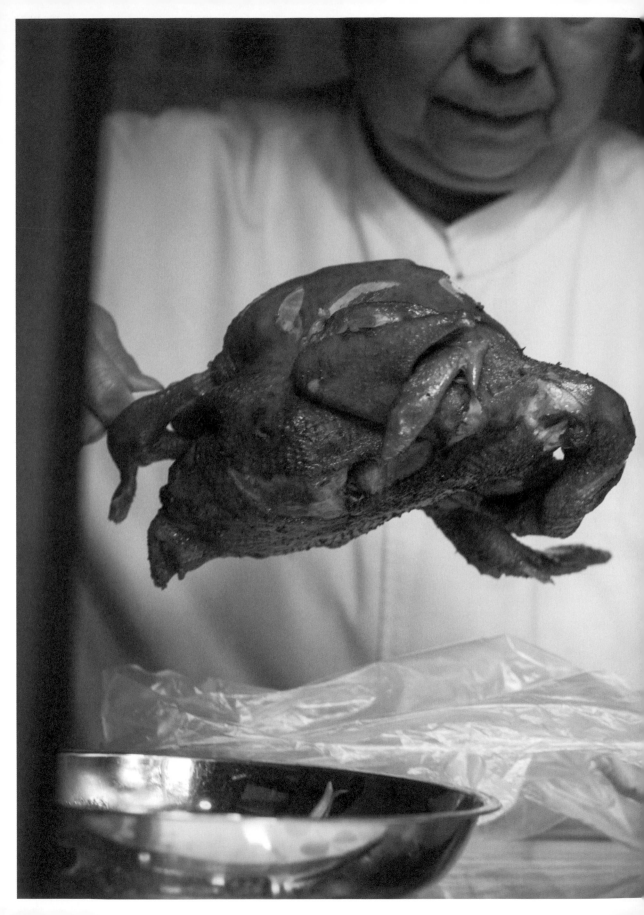

沒有一隻雞
能活著離開德州

文／王琳　攝影／李佳鸞　插畫／令狐小

單說德州，你會想到什麼？德克薩斯州、德州撲克還是德州電鋸殺人狂？但如果只說到德州扒雞，範圍會迅速縮小——山東德州。

正確認識德州扒雞

　　德州扒雞又稱德州五香脫骨扒雞，一般的初級玩家通常會理所當然地把五香理解為「五香味」。然而，五香才不是指味型，德州扒雞的五香其實代指五位德州扒雞傳人的五家店，五家的配方相互融合，才有了如今的德州扒雞。

　　除了「五香」，德州扒雞的另一個理解重點就在一個「扒」字了。扒是魯菜常用的烹飪手法，作為曾經的御膳房頭牌，扒也代表著魯菜的複雜工藝，一般要經過兩種以上方式的加熱處理才能算道地的扒菜。所以大火煮，小火燜，火候要先武後文，武文有序的德州扒雞就體現了扒的要義。相對於燒雞、烤雞，扒雞最大的不同就體現在時間上，一般雛雞要燜 6 至 8 小時，老雞燜 8 至 10 小時，經過長時間的燜煮後，拎起雞腿抖上一抖，肉骨即可分離，謂之脫骨。但是，可不是所有脫骨的雞都是德州扒雞，沒有學會德州扒雞統一「瑜伽造型」的雞，通通不是德州扒雞。

扒雞瑜伽第一式：
將翅尖從嘴內側伸出
別在背上

扒雞瑜伽動作分解

山東德州扒雞成名史

別看現在德州扒雞唾手可得，在過去，想買到一隻德州扒雞都要靠搶的。在 20 世紀，德州扒雞可是一隻當之無愧的網紅雞。不過這一切，還得先謝謝燒雞前輩打下的「江山」。

清朝初期漕運繁忙，山東德州成了御路的交通樞紐，和今時今日火車上的乘客一樣，古人也是需要食物補給的，於是運河沿岸就出現了挎籃叫賣燒雞的老人，在沒有真空保存技術和防腐劑的古代，吃上一口鮮嫩可口的燒雞絕對是件滿足感爆炸的事，作為後來扒雞的原型，燒雞開始積累人氣。

時代的腳步跨進了 20 世紀，隨著津浦鐵路（現京滬鐵路）和石德鐵路（石家莊—德州）的全線通車，德州作為鐵路交會處，成為當時華北地區的一個重要鐵路樞紐（明明是食物轉運站），燒雞 2.0 版本的扒雞，也開始出現在火車站廣場周邊，漸漸搭上了鐵路的順風車。除了德州扒雞，還有安徽的符離集燒雞、河南的道口燒雞、遼寧的溝幫子燒雞，這中國有名的 「四大鐵路雞」都是以車站集散地命名的，隨著民國時期的鐵路發展而名揚全國。如此回憶起來，中國鐵路除了加快速度，還立了一個大功，那就是活脫脫繪製出一張鐵路吃雞地圖。

但是，最火爆的還是德州扒雞，作為四雞之首，早些年德州扒雞的腦殘粉可是瘋狂得很。還沒到站就在車門後準備隨時衝刺，有時太過擁擠，情急之下翻窗而出的情況也時有發生，為了隻扒雞，不知曾有多少人誤車。不只是尋常吃貨，就連著名吃家唐魯孫先生都曾受當時的鐵道部政務處處長曾養甫大力推銷，一頓肥皮嫩肉、膘足脂潤的扒雞下肚後，一枕酣然，睜眼早已坐過兩三站。因為扒雞太過搶手，當時還誕生了一批「山寨扒雞」。

據曾養甫先生跟我說：「你如果坐火車經過德州，一定要讓茶役到站台外面給你買一隻扒雞來嘗

嘗。可是有一點，千萬別在站台上跟小販買，碰巧了你吃的不是扒雞，而是扒烏鴉。快車經過德州時，多半是晚飯前後，小販所提油燈，燈光黯淡，每隻扒雞都用玻璃紙包好，隻隻都是肥大油潤，等買了上車，撕開玻璃紙一吃，才知道不對上當，可是車已開了。」

——唐魯孫〈德州扒雞枕頭瓜〉

　　其實想想，這些被哄搶的山寨扒雞，也從側面反映了當年的流行趨勢。如今，德州扒雞的實體店遍布全國，保鮮技術和食品安全的要求都在升級，告別「飢餓行銷」後的扒雞的熱度降低也是意料之中的事了。不過，還是有一個地方不曾變過，那就是扒雞的發源地——德州。

德州，一座建在扒雞上的城市

　　德州人對扒雞都是愛到骨子裡的，無論是日常串門還是過年走親戚，拎上一隻扒雞，是德州人的基本禮儀。如果有外地朋友到德州做客或者商務宴請，飯桌上也一定會出現一隻德州扒雞。說到吃雞，德州人也會有一條默認的鄙視鏈。在德州本地人眼裡，高鐵上的扒雞就是袋裝罐頭，本地人只認新鮮扒雞。

　　喜歡口味重的還是口味輕的，扒雞是涼起鍋的還是熱起鍋的，是吃燜煮時間長的還是吃燜煮時間短的。這種工藝和口味的細微差別，只有以小鍋見長的老字號、小作坊出品的新鮮扒雞才能做到。所以在德州，除了扒雞集團下屬的扒雞美食城外，只有扒雞名師的後人所經營的崔記、李記和韓記製作的扒雞才能入德州人的眼。早些年為了吃到一隻正宗扒雞，德州人甚至可以不辭辛苦穿越大半個城市去扒雞傳人家裡登門購買。

　　懂扒雞的人也越來越多，在德州，扒雞甚至是最出名的旅遊項目，沿途的扒雞店是許多自駕遊愛好者的必走線路。交通，絕對是德州扒雞最大的伯樂。

國民料理黃燜雞

文／毛晨鈺　攝影／姜妍

這個江湖的最高奧義是：以不變應萬變。

黃燜雞的走紅，算是一門玄學。

2013 年，小吃一霸黃燜雞彎道超車，勇奪國民料理第一名。一時間全國翻騰起數萬家黃燜雞米飯餐廳。關於這些隱藏在街頭卻懸在外賣熱門榜單最高處的飯館，江湖人稱：一隻雞的傳說，一道菜的餐廳。

作為中國餐飲界三巨頭之一，黃燜雞顯得相當佛系，深諳以不變應萬變的道理。

儘管身在江湖，英雄不問出處。跟大剌剌把出處鑲在名字裡的競爭對手沙縣小吃和蘭州拉麵相比，黃燜雞反倒頗有神祕感：別問我從哪裡來，好吃就行。

黃燜雞米飯，你讀對了嗎？

黃燜雞的 C 位（中間位置）出道，其實是通過組合的形式——黃燜雞米飯。但是，往往吃了那麼多黃燜雞米飯，我們還是讀不對它的名號。

在一些黃燜雞米飯的餐館，老闆娘圖省事兒，總會把黃燜雞米飯簡稱為「雞米飯」。時間長了，大家便以為這是「黃燜／雞米飯」。這當然是對黃燜雞米飯的辜負！畢竟，只要當你面前被端上一份黃燜雞米飯，你就會知道，哪有什麼「雞米飯」，是如假包換的黃燜雞＋米飯啊。

黃燜雞，是個實誠的名字，一口氣兒把原料和烹飪方法吐了出來。所謂的「燜」就是指食材先過一遍油，然後再加上作料，入水煮，煮開之後再用文火煮，最後收汁。可以說，黃燜雞的湯汁，濃縮的都是精華。至於為什麼叫「黃燜」，則是因為「燜」的食物顏色黃亮。如果在燜煮過程中加入老

抽或糖，則會愈發紅亮，也被稱為「紅燜」。

一隻好雞三個幫

承包了黃燜雞這個圈子的主要有兩大陣營：西南派和山東派。

西南的雲貴川都有自個兒風味的黃燜雞。

首先來說說貴州的婁山黃燜雞。如果真要論起「黃燜雞」的歸屬，貴州遵義桐梓縣一定會表示：「我們不服輸！」早在幾年前，桐梓縣就把婁山黃燜雞烹飪技藝列為市級非物質文化遺產代表性項目。在黔北，更是有「南有烏江魚，北有黃燜雞」的說法。

亂世不只出英雄，還出名雞。桐梓縣當地流傳這樣一個說法：大概是在萬曆二十八年（1600），播州宣慰使楊應龍叛亂，朝廷以八路大軍平播。其北路總兵劉綎率兵一舉而破婁山關。為賀奇功，命廚子殺雞數百，燜燒烹燴，大宴三日。曰：「婁山關驚險天下，黃燜雞香悅眾人。」

不是所有雞都能拿來做婁山黃燜雞。只有生長期一年左右的桐梓縣花秋土雞才是婁山黃燜雞的良品。這種雞體型小，容易入味，且肉質鮮嫩。

跟一般黃燜雞把雞塊先炒後燜的做法不同，婁山黃燜雞下手更猛，第一步就是把雞下鍋炸。當地師傅說這樣能排出多餘油脂，同時保留肉的水分。隨後雞肉要再放入湯鍋燜煮。湯頭用的也是當地特產糍粑辣椒和豆瓣醬熬煮出的紅湯。至於一道婁山黃燜雞的誠意到底有多少，那還得看鍋裡放了多少當地的方竹筍。

跟婁山黃燜雞一樣先炸後燜的還有四川昭

覺黃燜雞。受到川菜熏陶的昭覺黃燜雞怎麼少得了大把的花椒和辣椒？這些調味料炒香後加入鮮湯，作為燜煮雞塊的湯底。

黃燜雞最怕無趣單調，總要用一盆雞裝下整個宇宙的野心。而在昭覺的黃燜雞，除了常規的青筍、青椒等，鐵定會有四川泡薑。

西南黃燜雞中的名門望族非吃雞大省雲南莫屬。在這裡，名聲在外的黃燜雞可能一個手掌都數不過來，著實精彩！

名氣最大的是大理永平黃燜雞。據說它的美味，是有皇帝親自蓋章認證的。南明永曆皇帝在清兵入關後敗逃緬甸，途經此處，吃了一道「永平黃燜雞」。逃亡時還不忘撥冗給這道雞封了個「滇中第一佳餚」的名號。

永平黃燜雞，圖的就是一個「快」。絕不是想像中的篤悠悠的「燜」，而是鑊氣張揚地炒。雞肉過油，用大火爆炒，從宰雞到上桌，一刻鐘足夠了。直到後來，320 國道沿線都被這隻黃燜雞占領。在213 國道沿線的安定也是以一道黃燜雞留住了來來往往的運將大叔。安定其實是不養雞的，看起來要想以做黃燜雞出頭，實在有點先天發育不良。不過，這個地方水好，用好水燜來自墨江的雞，就足夠美味了。

這些雲南黃燜雞，滋味霸道，靠下猛料為運將提神醒腦。

你以為黃燜雞在雲南只負責管飽？當然不是，它還兼職紅娘，幫忙搞定人生大事。

人們常說，吃到一起才能過到一起。傣族的少男少女就總把食物當心動信號。當地有「趕擺黃燜雞」的傳統。姑娘們將自己做的黃燜雞拿到市場上賣，要是和買的人看對了眼，兩人就端著雞到無人角落談情說愛順便吃雞。如果不是心上人來買雞，那就加倍喊價，直把人嚇得落荒而逃。

在雲貴川之外，西南黃燜雞還有一脈野路子，來自湖南的益陽黃燜雞。跟尋常黃燜雞的紅豔豔相比，湖南黃燜雞是個名符其實的「白胖美」。益陽可以說是近水樓台先得月，做黃燜雞用的是湖南桃源縣出產的土雞「桃源雞」。

別看桃源雞體型高大，但人家的肉質還是嫩得像個嬌滴滴的小姑娘。醃製過的雞肉冷水熬煮直至湯色乳白，然後用大蒜和胡椒粉等調味。最關鍵的是還要摻入勾芡水來保持雞肉金光四射的皮囊。益陽黃燜雞吃起來跟雞公煲倒有些相似。吃完雞肉還能在鍋裡加入蛋皮、青菜等配菜。

山東黃燜雞的崛起！

是誰讓雲貴川的黃燜雞掉落一地雞毛？

答：山東黃燜雞！

走上國民料理王座的黃燜雞米飯，首先要感謝的就是來自山東濟南的楊曉路。

楊曉路說，他這一手做黃燜雞的功夫是「祖傳」的。1930 年代，他的祖輩在當時的濟南府開了家叫「福泉居」的菜館，招牌菜就是一道黃燜雞。嗯，那時候的黃燜雞還沒遇上米飯呢。

楊曉路的姥姥繼承了醬料的祕方，後來傳給了楊曉路。一道雞料理，也撐起了楊曉路自己的餐館。他曾在一次採訪中透露，他沒事兒就喜歡觀察來店裡吃飯的客人，發現他們都愛用黃燜雞配飯。

也許你會跟我一樣朝天翻個白眼：不配米飯還能配啥？在大山東這可不尋常，畢竟占據山東主食半壁江山的是饅頭、麵條、煎餅等。就這樣，楊曉路第一個讓黃燜雞和米飯組團出道。事實證明，果然還是天團比較能打。

在山東，有關黃燜雞起源的傳說並不比滿大街的黃燜雞米飯館子少。

還有一個流傳較廣的說法是，這道菜最早出現在 1927 年的濟南魯菜名店「吉玲園」。那時的黃燜雞還叫「百草黃燜雞」，大概是因為烹製過程中要用到十多種香料。

發明這道菜的大廚叫薄林，憑一手「薄氏炒雞」成為濟南廚師中的一哥。上流社會的老師夫人一度以吃到他掌勺的百草黃燜雞為榮幸。時任山東省主席的韓復榘在吃過這道黃燜雞後，讚道：「此雞匠心獨運，是上品之上，當為一絕。」末了還打賞三十塊銀圓。

那時的黃燜雞，可是講究得很。燜雞的炊具必須是宜興產的砂鍋，雞塊也要控制在 2 斤以內。就連米飯也要保持顆粒完整，挑出殘缺半粒的碎米。為了更下飯，吉玲園還專門準備了小菜，有時是老虎菜，有時是醃辣椒。總之，一個套餐就給人把一切都安排妥當了。

黃燜雞和宮廷的糾葛也從沒斷過。傳說清朝嘉慶年間的濟南名館「燕柳園」就把這道黃燜雞帶進了皇宮，從此成為宮廷菜。這個說法是否屬實已難推斷，不過在溥儀胞弟溥傑的夫人愛新覺羅·浩寫的《食在宮廷》裡確有記載。

還有一說黃燜雞的發明是借了朱元璋的東風。這位明朝開國皇帝極愛三黃雞。為討皇帝歡心，廚子們翻了不少花樣，其中就有黃燜雞。有民俗專家說，黃燜雞最早來自明朝德王朱見潾府中。這位明英宗第二子封王後就被分到了山東德州，後來又尋了個德州貧苦的藉口，遷往濟南。

2011 年，楊姓黃燜雞米飯創辦，四年後，它一路開到了澳大利亞、新加坡、日本。去年，美國第一家黃燜雞米飯開業，每份售價近 10 美元。在美國點評網站 Yelp 上，有人給它打了 5 星，有人則批評這種中式快餐吃起來像「我家柯基吃的狗糧」……

跟其他地區用特色食材、香料將很多人拒之門外的黃燜雞相比，山東的黃燜雞顯得平易近人許多。它的配料尋常甚至可以說平凡，主要是雞塊和香菇，有時候看心情，店家也會加幾塊看起來喜慶的青紅椒。

唯一的祕密就在醬料之中。直到現在，誰霸占住了醬料，誰就贏了。正經八百的魯菜大師是不會讓區區一味醬料拿捏住的。在他們的菜譜中，除了普通的醬油、糖等，甜麵醬的出場率頗高。

要讓自己看來人見人愛，黃燜雞卯足了勁兒抹去自己身上的地域屬性，只是偶爾暴露的勾芡暗示了它的高貴血統。

如今，黃燜雞米飯看起來已是過氣王者。不過在大城市無數人的用餐時間，黃燜雞米飯仍然是觸手可及的溫飽寬慰。

所以，請珍惜每一頓黃燜雞米飯吧！

來，乾了這碗雞湯

文／王琳　插畫／空洞

不知道從什麼時候起，雞湯裡沒有「雞」也沒有「湯」，只剩滿滿的勵志雞湯文霸占雞湯本身的光環，雞湯變得不走心也不走胃。心靈雞湯哪裡有黃澄澄的真雞湯實在，一碗冒著熱氣浮著一圈圈雞油的雞湯下肚，生活才是沒什麼大不了的。

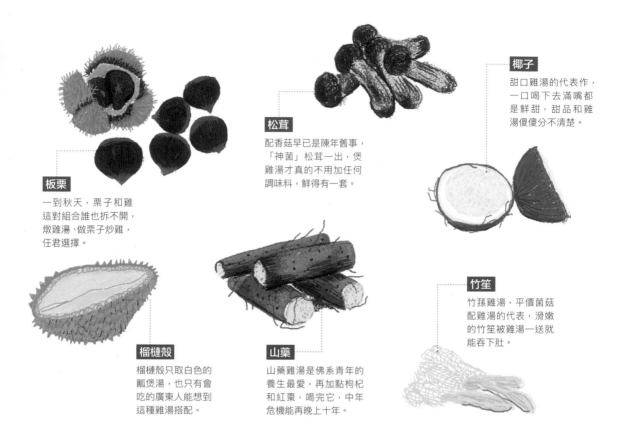

椰子
甜口雞湯的代表作，
一口喝下去滿嘴都
是鮮甜，甜品和雞
湯傻傻分不清楚。

松茸
配香菇早已是陳年舊事，
「神菌」松茸一出，煲
雞湯才真的不用加任何
調味料，鮮得有一套。

板栗
一到秋天，栗子和雞
這對組合誰也拆不開，
燉雞湯、做栗子炒雞，
任君選擇。

竹笙
竹蓀雞湯，平價菌菇
配雞湯的代表，滑嫩
的竹笙被雞湯一送就
能吞下肚。

榴槤殼
榴槤殼只取白色的
瓢煲湯，也只有會
吃的廣東人能想到
這種雞湯搭配。

山藥
山藥雞湯是佛系青年的
養生最愛，再加點枸杞
和紅棗，喝完它，中年
危機能再晚上十年。

　　為了雞湯的做法，我不知道跟我媽拌了多少次嘴。

　　在我媽眼裡，雞湯的原料只有三種，雞、水、鹽，多加任何一種食材都是對雞湯的褻瀆。一隻完整的雞被端端正正地放進砂鍋裡，添滿水，咕嘟咕嘟燉上一個小時，起鍋前添點鹽，就是我家的媽媽牌雞湯步驟。小時候每次感冒，我媽就燉上一鍋，盛上一大碗讓我趁熱喝完，直到看著我腦門上起一層薄汗，才會心滿意足地離開。

　　每次喝完湯我都會申請下次在雞湯裡加點料，但次次被我媽嚴詞拒絕，好像加了任何食材都會讓雞湯功力減弱。在掌握廚房使用權之前，原味雞湯，就是我對雞湯口味的全部印象。所以，在擁有自己的廚房後，我第一時間開始「雞湯叛逆」，沉迷各種雞湯烹飪大法。

　　工作日的晚上時間匆忙，快手的椰子雞湯是首選。請菜市場阿姨幫忙把清遠雞斬塊，到家把雞塊焯水，開椰子，取椰子水、椰肉進鍋，開鍋後燜上一會就能開動。時間充裕的週末，從菌菇到水果，雞湯可以煲一切，怎麼搭雞湯甚至會激發天秤座的選擇恐懼，不過有個時刻雞湯只有一種味道，還是感冒的時候，我會嘴裡說不要，身體卻很誠實地煲上一鍋原味雞湯。

　　好像喝下它，就離家更近一點。

鴨，來自古都

文／王琳

在吃鴨界，有一個有趣的現象，古都總是和鴨子脫不了關係。北京烤鴨、六朝古都南京的鹽水鴨，還有南宋都城杭州的醬鴨，任朝代更迭，中國人吃鴨的心情不改。

傾城之鴨

文／T　插畫／Tiugin、喔哦噢嘔少年

幾千年打來打去，幾個古都之間的愛恨情仇，王朝的易變，都凝結在一隻鴨子上了。

總說南京人吃鴨子，好像南京就只有鴨子似的。

一個古都，這麼單純倒是好事，清亡以後，北京有一陣子不做都城，那單純的勁兒也就回到北京身上了。好多個文人都很懷念那個時候的北京，乾淨、人少、古蹟多，一個被忘記的文化舊夢，自己在北方的天空底下傻樂著，吃著大白菜、冷柿子和熱栗子，不諳世事。

那個時候的北京很像現在的南京，有好多舊傷，能活下來就已經很好，劫後餘生，活下來就已經是命運給了一點溫柔，一點撫慰。三千煩惱歷經，至少沒有「求不得」這一種苦處了。

兩個古都對鴨子都有感情。做鴨子的方法都非常繁瑣，可見是多年反覆琢磨出來的，沒人不說好。北京的烤鴨，好得具有藝術性，看見北京烤鴨皮上那網格狀的紋路，我總想起北京西邊法海寺的水月觀音，在重重的顏色上，還用薄若蟬翼的白色畫出了一層輕輕的帶米字紋的薄紗。

南京的烤鴨，比較濕，是把爐火熄滅了之後，用燜的方法把鴨子弄熟的，吃肉，不像北京烤鴨主要吃皮。南京還有鹽水鴨、醬鴨、板鴨，製作過程也非常麻煩。南京人都不在家裡做鴨子吃。一是因為外面的館子做得太好，二是真的太過複雜。要把鴨子的腥味去掉，還要鹽分不殺口，分寸感很重要。

北京烤鴨公認是從南京傳過去的，但有一種說法，說是金國人從北宋都城汴京帶過去的，總之幾千年打來打去，幾個古都之間的愛恨情仇，王朝的易變，都凝結在一隻鴨子上了。

也有可能，就是為了搶做鴨子的祕方，幾個王朝毀滅了，幾個王朝又興起了，誰知道呢？所謂傾國傾城的鴨子，就是這樣的。

鴨子有好幾種，一種是南方的麻鴨，因為身上毛色雜駁，所以叫「麻」。據說高郵的麻鴨好，都陽湖上散養的鴨子也好，瘦肉多。北方主要飼養北京鴨，渾身都是白色的，民國時候的一本小說《養鴨》說，1873 年，北京鴨才傳到美國。當時養鴨的

地方就在北京的城牆根底下。我看過當時記者拍的照片，鴨農的頭上就是城牆鋸齒一樣的脊線，像把天空拉開拉鍊一樣，看見古代中國式的不廢農桑。古都的外面都是一望無際的農村。

此外還有櫻桃谷鴨，是肉鴨名種。由英國人在「櫻桃谷農場」育成，最近又有新聞，說中國公司再將這種鴨子引回中國。嚴格的動物保護者看見北京鴨的育成過程肯定要憤而抗議，據說餵食這種鴨子都要把食物硬性填塞進喉嚨，到後來，鴨們見到地上有食盆都不會低頭飲食。我們小時候，報紙上老是提反對「填鴨式教育」，現在不過是老師不在課堂上填了，家長們都在課餘時間送往補習班填。

北京鴨子的養育方法，倒是一種中國特色。這樣出來的鴨子特別肥碩，我想，還是因為鴨子不運動，肉的纖維細。都說北京的烤鴨是永樂皇帝帶到北京的，結果他的兒子之一朱高煦因為謀反，被當時由南京回來繼了位的宣德皇帝蓋在銅缸裡，周圍堆滿木炭點燃，活活做成了燜爐烤鴨。所以我每次

去紫禁城，看到大銅缸都繞著走。

北京和南京上得了檯面的鴨子，都是「雖然不明白，但好像很厲害」的典型，製作很複雜，這樣也好，像一個做醫生或者律師的情人，他生活裡永遠有一部分是有陌生感的，不太容易生厭。南京和北京也是這樣，有禁地存在的城市，反而讓人保有嚮往。另外一個古都——成都，把蜀王府全拆了做市中心廣場，從小生活在其中就覺得乏味。

但成都最近變得好玩了，挖出來了千年前的巨型船棺、隋朝的摩訶池遺址、明朝蜀王府的遺址，全部在城市的最中心。我奶奶每天早上都要去跳秧歌的體育中心和我所就讀的小學，就在市中心毛主席立像背後一箭之地。我最近看到空拍照片，附近幾個學校的學生原來放學踢球的操場被全部圍了起來，掀起表層的土，底下就是明朝、元朝、宋朝疊壓的地層。

成都是幾千年沒有遷過城址的城。所以這些古蹟的位置，幾乎就是在跟當今的城市建設開玩笑。古代和現代，垂直地疊壓在一起，據說蜀王府跟紫禁城差不多，如果真的大規模發掘，整個城中心的建築都要遷走

但這個城頓時不無聊了起來。

這麼來說，古都都跟鴨子有說不清楚的關係。成都的樟茶鴨，也非常複雜，除了要滷，還要用茉莉花茶和樟樹葉燻，最後還要炸，才會形成那種獨特的曖昧不清的味道。

古都的出名鴨子都有複雜的做法，我猜是古代的餘韻，因為這些鴨子在做成鹽水鴨、燻鴨、醬鴨、板鴨之前，都要先製成鴨坯、風乾，以及後面的炸製等過程，這些都是從前沒有冰箱時保存食物的方法。而且醬鴨、板鴨、樟茶鴨都是可以用來二次製作的。四川有一種冒鴨，就是把鴨子烤好，顧客點了，再斬件，扔到冒菜裡再煮熱，烤鴨入了辣味，又多了一層味道。

到這一步，鴨子又被烹調了一次。也是因為鴨子肉瘦，禁得起反覆的煮烤烹炸。

古都的鴨子啊，跟古都一樣，不怕折騰，每折騰一次就多一層風味。

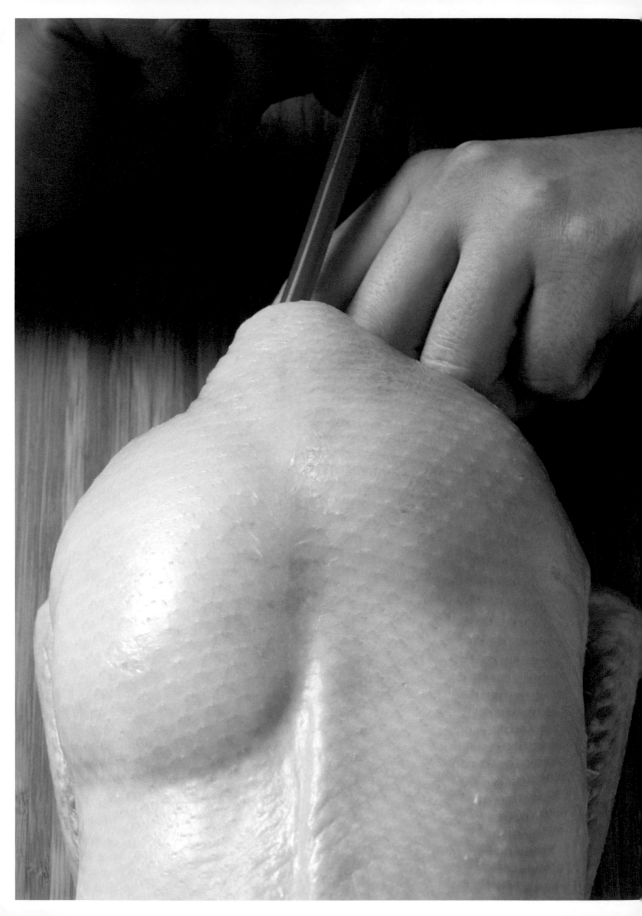

北京烤鴨鄙視鏈

文／李舒

烤鴨如此多嬌，北京的烤鴨店遍布四九城，規模各不相同，這是一種豐儉由人的自信，也是一種眾生平等的歡喜，更是一場靜悄悄的暗戰。

　　沒有一種食物比北京烤鴨更能代表北京了，one Beijing，one World，one Peking duck（同一個北京，同一個世界，同一隻烤鴨），讀起來就有登頂紫禁之巔的榮耀。這種棗紅的鴨子，以油亮的外表和外酥裡嫩的口感，征服了全世界。

　　烤鴨的榮耀，甚至載入了新中國的外交歷史。1971 年 7 月，中國人迎來了美國總統尼克森的特使季辛吉，當會談僵持、無法開展的時候，周恩來靈機一動：「我們不如先吃飯，烤鴨要涼了。」吃完烤鴨的季辛吉，似乎對中國人開始有點理解。後來，人們在談論周恩來的「三大外交策略」時，記下了這個偉大的瞬間——除了「乒乓外交」和「茅台外交」，還有「烤鴨外交」。〔阿牛：〈周恩來總理的「烤鴨外交」〉，《名人傳記（上半月）》2007 年第十期。〕

　　烤鴨如此多嬌，北京的烤鴨店遍布四九城，規模各不相同，這是一種豐儉由人的自信，也是一種眾生平等的歡喜。然而，眾生卻守著各自的烤鴨店，建立了一條隱秘複雜的鄙視鏈。

全聚德，一個烤鴨 IP

　　對於遊客來說，烤鴨是北京的名片，不到長城非好漢，不吃烤鴨真遺憾。京城的 1513 家烤鴨店，旅行團遊客只認一家全聚德。從旅遊大巴上下來，一看見全聚德的黑底金字招牌，立刻就會肅然起敬。

　　全聚德並不是唯一接待過外賓的烤鴨店，也不是唯一被名人加持過的烤鴨店，可是，全聚德是唯一做過主角、拍過電視劇的烤鴨店——這不是烤鴨店，這是一個烤鴨 IP（智慧財產權）。

烤鴨是用車推上來的，師傅會當著你的面片，「普通套餐」和「盛世牡丹」的價格相差一百人民幣，而鴨肉眼上的區別是——「盛世牡丹」會把鴨子片成牡丹花形狀。

加了 10% 服務費的烤鴨，品質卻不那麼穩定，有時候，它符合你的想像；但有時候，皮是軟的，肉是冷的，吃起來有點柴。「這是傳說中最正宗的北京烤鴨嗎？」你剛想要質疑，遇上了烤鴨師傅那犀利的眼神，立刻閉嘴。

全聚德烤鴨師傅是牛氣的，他們其實知道品質不夠穩定的命門所在——廢話，每天接待那麼多旅行團，黑壓壓一堆人，還不能等太久，這樣出來的烤鴨，能保證品質嗎？

即便如此，從全聚德和平門店出來的人們都心滿意足，長城爬了，全聚德也吃了，這樣的北京故事，值得回去說個一年半載。在火車南站，還會有意猶未盡的大媽，在櫃檯買上幾大包打著「全聚德」品牌的真空包裝烤鴨，準備帶回去分給親朋好友。大媽喜滋滋付著錢，已經想好了台詞。在廣場舞眾姐妹們面前打開包裝吃下第一口，一定要說：「嗯，還是沒有我在全聚德店裡吃的好。」

烤鴨的鄉愁

遊客中的一小股清流，來自南京。

他們倔強地拒絕了全聚德，而選擇另一家便宜坊。南京人民的驕傲並不比北京人民少，你們是首都，我們也做過，「舊時王謝堂前燕，飛入尋常百姓家」。更何況，如果追本溯源，北京烤鴨乃是源自南京，論起輩分來，北京烤鴨，得叫南京烤鴨一聲「爺爺」。

南京人牢牢記著，便宜坊最早的名字是「金陵烤鴨」，明朝從南京開到北京，給北京人民送來了烤鴨，如果沒有明朝的便宜坊，哪來清朝的全聚德？兩家店的烤鴨，最大的差異是烤法——便宜坊是燜爐烤法，用燃料把爐膛燒熱，再滅火，以爐膛的餘溫把鴨子烤熟。全聚德是掛爐烤法，點燃果木，以明火赤裸裸地把鴨子烤熟。

實際上，這種差異在今天的北京烤鴨界已經不再是話題。掛爐烤鴨界的更新換代已經經歷了好幾次，比如北京不再批准新店用果木作為燃料，更有許多烤鴨店在為新形式的烤鴨爐申請專利，比如大董。燜爐烤鴨則一直停留在便宜坊，成為南京人民懷念六朝古都的一個影子。他們會很認真地告訴你：「是『ㄅㄧㄢ』宜，不是『ㄆㄧㄢˊ』宜。」但在心裡，他們最懷念的，還是秦淮河邊烏衣巷裡的南京烤鴨，浸泡在滷水中的油汪汪的鴨子，那才是屬於他們的烤鴨。

京城裡的烤鴨江湖

遊客對北京烤鴨的瞭解終歸只是浮光掠影，生活在北京的人們，有另一番烤鴨的選擇。

外來務工的北漂們早就不屑在全聚德打卡。他們表現得像一個真正的北京人，熱情而又驕傲，帶著親戚們，走向四季民福和花家怡園，還有大董旗下的小大董。要是招待外國朋友，衚衕裡的烤鴨店最合適不過——位於北翔鳳衚衕的利群烤鴨店是他們心中的烤鴨界米其林，不提前預約，您可吃不到張老先生的烤鴨哦。這裡大紅燈籠高高掛，

木窗、木椅子，再樸素不過，但來的每一個人都心滿意足，這裡，就是他們對於北京的全部想像。

CBD（中心商務區）人民對於烤鴨的選擇則更加直接──如何在享受烤鴨美味的同時，吃得更加健康。對於吃下的每一口，CBD人民都會計算卡路里──他們中的很多人，脂肪肝的大小已經可以和法國鵝肝媲美。他們的烤鴨世界觀，是讓鴨皮更酥，盡可能去掉鴨子的脂肪。幸好，有大董、長安壹號、1949全鴨季、海天閣。這些人均消費三四百人民幣的烤鴨店，是烤鴨界裡的御苑皇宮。烤鴨吃膩了，還有更美味的限量版小乳鴨；甜麵醬配膩了，還有進口的魚子醬。至於配酒，拉菲、人頭馬、巴黎之花、麥卡倫，只有想不到，沒有買不到。CBD人民很少會想到自己去吃一次烤鴨，更多的時候是商務宴請，請客的人滿懷誠意，這份誠意會被吃飯的人接收到，只需要看看門口貼心照顧停車的小弟，看看門口掛著的從美國總統到日本首相的照片，再看看盤子裡精緻的烤鴨，這合約，不簽不行！

真正的老北京人，對於烤鴨的選擇，比起北漂來，其實更為寬容。因為對烤鴨愛得深沉，他們吃烤鴨，自有一套講究。白糖也好，黃瓜條也罷，在北京人民的心中，羊角蔥＋六必居甜麵醬是吃烤鴨的標配，荷葉餅和芝麻空心燒餅是衡量一家烤鴨店水平的關鍵指標。

在北京人民的心中，吃烤鴨是必須有儀式感的。小孩生日吃烤鴨，老人生日吃烤鴨，家裡來了客人吃頓烤鴨，結婚宴上，烤鴨也是一道必備大菜，套用《紅樓夢》裡一句話：「誰家常吃他了？」

不能家常吃，最主要還是價格因素──「1973年，一隻烤鴨子8塊錢。」那時候，北京人民一年不一定吃得上一次烤鴨，時間的流速，像老北京人眼裡流轉的光。1980年代的紀錄片裡，全家人去全聚德吃頓烤鴨，要花將近100塊，所以包好的第一個烤鴨，一定敬奉給家裡的長輩。生活水平提高了，烤鴨價格下降了，全聚德烤鴨師傅在北京各地四散開去，北京城有了平價烤鴨。北京人民用最寬容的心態接納了它們──天外天、金百萬、郭林、玉林、大鴨梨、民福居、鴻運樓……這些烤鴨店的價格大約是全聚德的三分之一，它們在1990年代興起，逐漸形成了烤鴨界的群雄逐鹿，曾經有不止一個北京人向我回憶起90年代的金百萬門口排長隊的情景，人們扶老攜幼，翹首以盼，那是一場盛會。

也曾經有過曇花一現的異端，比如2000年開在建國門的「鴨王」，它定位建國門附近公司人群，模仿港式餐廳服務，人均180元左右，這是比全聚德還高的價格，但食客仍絡繹不絕，鋒頭一時無兩，甚至在上海等地開起了連鎖。

北京人民也會有自己的烤鴨私房名單，這些名單更像是一份族譜，從爺爺和爸爸流傳到自己這一輩；有時候又像是一份失傳的武功祕籍，並不想隨意分享給別人；更像是自己童年的夢，有時早已殘破不全：「我住虎坊橋的時候，有個虎坊橋烤鴨店。」「九花山烤鴨店是我心中最愛，沒有之一。」

但你如果問他們，北京烤鴨的代表是啥？他們低頭想一想，然後，會很認真地回答你：

「全聚德。」

江浙滬醬鴨研究報告

文／梅姍姍　攝影／林舒

這是一盤好吃的上海醬鴨。一口咬下去，鴨皮糯而肥美，鴨肉酥軟，每一絲鴨肉纖維都沁透了滷汁。因為滷的時間足夠，這隻野生麻鴨骨頭都酥爛了，骨間殘掛著縷縷肉絲，骨頭與骨頭之間還連著晶瑩的滷汁凍。吸一口，醬甜的老滷撩過舌尖，在齒間化掉。鹹甜之爭是各家口味偏好問題，但因為甜帶來的鮮美，則是南方人民集體的智慧。上海人吃醬鴨一般都是以冷盤的形式，一桌上，擺滿四喜烤麩、醬鴨、蔥油萵筍、糟毛豆、涼拌海蜇。吃一口醬鴨來一口蔥油萵筍，再吃一口醬鴨來一口涼拌海蜇，重─淡─重─淡，節奏分明，口腔愉悅，多巴胺快速分泌，爽啊！

上海醬鴨分兩種：外面買的和自家做的。而張永紅做的，是道地的上海家庭風格。

家裡做東西，別的不敢說，至少「不計成本」這點，哪個餐廳也比不上。但這一點吃的時候是不知道的，一般人只是覺得：哎，這個醬鴨味道可以的。

館子裡的醬鴨，有的肉柴，有的肉緊，好不好吃得看運氣和避雷指南。而張永紅在家做的醬鴨，一口咬下去，是潤的，南方人也有說這肉是「活」的。這是個不大好用語言準確定義的口感，大白話說就是肉飽，不柴，不乾，每一口都有醬汁味兒和鴨肉味兒。

對，鴨肉味兒。這個看似必然的東西如今都很難在普通餐廳吃到了。這不是什麼獨門祕笈，逐漸在市場消失的邏輯也很簡單：餐館裡是要走量的，所以大多數情況下，買進來的都是成箱的冷凍鴨。一是不知道凍了多久了，二來冷凍的過程就是味道流失的過程。再加上為了控制成本，不會買特別肥美的鴨子，所以一歲以內，3斤及以下的公鴨較為常見。這種公鴨，一來油少，滷製過程不用擔心撒

油出現的人工和時間成本，二來滷製速度快，不用過油不用收汁兒，時間夠了就出爐。自然吃不出「活」肉的感覺。

家裡做就不一樣了。比如張永紅，偶爾給自己或朋友做鴨的時候，他喜歡買母鴨子，4斤以上的現殺活麻鴨，必須是江浙滬產的。倒不是因為那兒的麻鴨一定比別的地方的好，只是從小吃到大，熟悉它各種細枝末節的調性。

「為什麼是母鴨？市面上的醬鴨可都是公鴨做的呀！」我問他。

張永紅笑了：「你是不是覺得我做的鴨子，肉很潤？那是因為母鴨夠肥，在滷的過程中，一直被自身鴨油和滷水的混合物沁著燉著，混合物在沸騰的過程中一直往鴨肉上沖刷，鴨肉吸了油脂，所以整體口感比公鴨做的醬鴨好很多啊。」

「這麼簡單的道理，那為什麼餐廳不用？」我槓精附體。

他翻了翻白眼：「餐廳做醬鴨一做十幾個，誰幫你撇油啊，滷水怎麼過濾？時間成本也是成本啊。」

這個道理，就跟家裡做的炸醬麵和館子裡的炸醬麵有區別差不多。家裡的不惜金錢時間成本，總能做出最好吃的炸醬麵，但正因為不惜成本，量化就成了一個不可能完成的任務，甚至家裡也只能最多一個月做上個一兩回。像我們這種既不會做炸醬麵又饞炸醬麵的，即便知道麵館的絕對不是最好吃的，也只能上那兒解饞了。

張永紅醬鴨的好吃，還有一個祕密。

老滷。

滷水作為中國人烹調時一種常見的角色，真正開始廣泛使用不過百年。雖說從南北朝開始就有關於醬油的記載，但直到明清之前，醬油都還是個奢侈的物品，並沒有飛入尋常百姓家。「要想××好，香料加老湯」這句廚師熟悉的句式，最早出現在清朝。而這裡的老湯，就是我們熟知的老滷。

老滷在滷菜中最重要的價值，是上味兒。一碗流傳了十幾年的老滷，精心保存後每次通過高溫煮沸重新活起，裡面多年的香氣分子在時間的作用下發生複雜的變化，可以給食材帶來完全無法想像的豐富味道。

所以說每個有家傳老滷的人，從小伙食應該都不差。張永紅就是一個擁有優質老滷的隱形滷二代。從他媽媽開始，在家做醬鴨的時候，就會在滷收得差不多的時候，採集一些滷子過濾乾淨留作下一次的引子，等到了張永紅這兒，這罐老滷估計已經滋養過大幾百隻鴨子了，可謂集天地之精華。張永紅每次滷鴨子的時候，就會把老滷和水混好，根據今天的鴨子具體肥瘦大小下料調味，一次把滷鴨子的湯下足了，然後每30分鐘翻一次身，翻6次後收汁，重新採集過濾老滷，起鍋。

老滷裡面具體有什麼料？打死他都不願意告訴我。

所以沒有老滷就不能做醬鴨了嗎？

杭州人說，錯。

同樣是醬鴨，杭州的做法卻和上海天差地別。上海的醬鴨是用火煨出味兒來的，起鍋放涼即食。杭州的醬鴨是用滷生著泡出來的，出滷曬乾後

蒸食。

因為是生的老鴨入滷鍋，潛在很多細菌滋生的問題，所以杭州的滷是每次新製的。杭州的醬鴨必須要用當地的湖羊醬油——這種近乎成套銷售的方法——才能確保每一隻醬鴨的純正杭州血統。

在湖羊醬油裡加入桂皮、花椒、香葉、胡椒等香料熬出味道，冷卻後，將洗乾淨的紹興老麻鴨放入熬好冷卻的滷裡，至少泡 24 個小時，才能拿出來曬。在天氣好的情況下，曬一週到一個月不等，時間看各家對味道的喜好。嫩點就時間少點，韌點就時間長點。

為了探究杭州醬鴨和上海醬鴨的區別，我網購了一隻百年老字號杭州萬隆醬鴨，按照杭州同事推薦的方法，蒸 15 分鐘後起鍋。也在這個同事的強烈要求下，煮了白粥。

事實證明，杭州醬鴨必須配白粥才能最大化地發揮出其天地之精華。

因為經歷的滷浸時間遠長於上海醬鴨，杭州醬鴨的醬鹹感尤其濃烈，而且日曬給醬鴨帶來了一種意料之外的嚼勁。手裡拿著一隻蒸好的杭州醬鴨腿，撕拉一口，扯下鴨肉，嚼兩口配一口粥，或者像杭州人一樣直接把醬鴨放進白粥裡，肉越嚼越香，在白粥的加持下鹹度也不再那麼凸顯，反而帶來一種源遠流長、餘味無窮的醬香氣，這是上海醬鴨所不具備的。而且，照這個韌勁，多嚼應該可以瘦臉。

但如果單吃的話，還是上海醬鴨來得更合適一些。杭州醬鴨在沒有粥加持的時候，會進入一種越嚼越鹹的境界，倘若之前沒有習慣高鹹度食物，可能會被迫進入當日吃什麼都淡而無味的狀態。簡單總結就是：杭州醬鴨，入嘴需有粥。

縱觀江浙滬，每個地方都有自己的醬鴨。蘇式醬鴨因為用到紅麴米所以色澤紅亮，口感是最偏甜的。杭州醬鴨因為需要曬乾，所以口味是最韌的。嘉興醬鴨則取上海和杭州之所長，味道是最濃郁的，而上海醬鴨則是名聲最響，也是最容易讓大眾接受的。

無鴨不成席，所以鴨鴨們即便可以飛出了鴨都南京，也飛不出江浙滬的手掌心。

來，今天也要一起吃醬鴨！

會斬醬鴨，跟會做醬鴨一樣重要

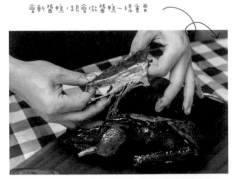

鴨脖子怎麼就成了
武漢的特產？

文／蔣小娟　插畫／突突

一不留神，鴨脖子突然成了全國人民心目中知名的武漢特產。對於這個看法，列祖列宗在上，武漢人民真的不能認。

作為一個武漢人，一個正宗的武漢人，平生最恨的一句話就是：武漢？武漢的鴨脖子很好吃！

每當此時，我心中都一萬次炸裂──我們真的沒有吃鴨脖子的傳統。雲夢大澤故地，毛主席老人家來武漢，寫的也是「才飲長沙水，又食武昌魚」，根本沒鴨脖子什麼事。

但鴨脖子在全國的爆紅，確實源自武漢的一部小說。武漢作家池莉在 2000 年發表了一部中篇小說《生活秀》，女主角來雙揚在漢口吉慶街開了家賣鴨脖子的小餐館。兩年後這部小說改編為電影與電視劇，演盡人生的浮浮沉沉，收視長紅，按現在的話是票房保證的人氣 IP（知識產權）。

摸著良心說，連我都是透過這部電視劇才知道我們武漢居然有一種叫鴨脖子的東西……心心念念地想要嘗試一把，被我媽厲聲呵斥：「鴨脖子上都是血管，有什麼可吃的！看個電視劇不學好！」 後來總算背著我媽跑去吃了一回鴨脖子，印象不佳，這東西對我而言始終是食之無肉，棄之可惜。

有經濟學家算過一筆帳，說拆開賣的鴨貨利潤遠遠高於一整隻鴨子。鴨貨，其實是鴨子的邊角料：鴨胗肝、鴨舌、鴨掌之類。鴨胗肝香氣濃郁，有嚼勁，是讓人欲罷不能的小零食。舊時閨秀私下裡都愛吃吃鴨胗肝，啃啃雞腳爪，和女朋友說說親密的閒話。鴨舌更是一隻鴨的精華，張愛玲最愛一道鴨舌小蘿蔔湯，「咬住鴨舌頭根上的一隻小扁骨頭，往外一抽抽出來，像拔鞋拔……湯裡的鴨舌頭淡白色，非常清腴嫩滑」。至於江浙一帶流行的糟滷鴨掌，清爽彈牙，更是糟貨界扛霸子的選手。

但是，鴨脖子算什麼呢？！

鴨脖子,乾硬難嚼,啃起來除了滿口辛香料外,實在沒什麼吃頭。個中美感,怕只有《紅樓夢》裡單愛拿油炸焦骨頭下酒的夏金桂方能體會。恕我等愛好大碗喝酒、大口吃肉之輩無法欣賞。我的一位朋友,總是遺憾我居然領會不到鴨脖子的妙處:「骨肉相連,頗有嚼勁,最妙是吮骨節中的骨髓,『滋溜』一聲,太有成就感了」,每說到此處必然望向我,做痛心疾首狀。

那麼,池莉女士為何會選擇鴨脖子作為小說的一個亮點?我琢磨了下,大概是因為比較有氣勢。湖北人把家中主事的女人稱為「女將」,頗有頂門立戶之氣勢,小說中的老闆娘來雙揚倒真是一名典型的「女將」。試想,有什麼能比在案板上鏗鏗鏘鏘地斬斷一隻鴨脖子更威風?有什麼能比手執一把利刃更能體現我湖北女人的潑辣與硬氣?煮餛飩?炸麵窩?都弱爆了。

好吧,借著熱播劇,全國人民一夜之間知道了武漢的鴨脖子……所以鴨脖子的走紅,也就是2000年以後的事。

鴨脖子的走紅,也不能完全說是巧合事件。湖北有很多湖,也有很多鴨子,不過鴨子的吃法,多半也就是紅燒或清燉,沒有特地要吃鴨脖子一說。沒什麼肉的鴨脖子反而是被當作「廢料」,與雞爪、豆乾之類的,做成滷味,是便宜的下酒菜。辣鴨脖實際上是醬鴨的一個變種,而醬味並不是湖北菜的傳統。所以,我一直好奇它是從哪兒傳來的。有資料稱,它的起源是湖南常德,後傳入湖北與川渝。這種說法是否屬實,還有待商榷。不過武漢最有名的鴨脖子周黑鴨,確實不是武漢人的發明。

二十多年前,重慶人周富裕來武漢三鎮討生活,一頭栽進菜場裡做起了小本買賣,賣醬鴨,後來發跡。老實說,這種辛辣中帶微甜的口感算不得驚豔,武漢街頭的熟食鋪子大多數都不輸這個水準。不過口味這件事,仁者見仁。我媽倒是從不買周黑鴨,並一貫陰謀論地指出:「黑黢黢的,也不知是放了什麼東西。」不過周老闆精明,鋪天蓋地做廣告,曾經還在2012年花錢冠名了武漢的江漢路地鐵站。當時輿論譁然,全城激憤!江漢路是什麼地方?大漢口之光!六國租界區的地標,堂堂江漢關鎮守的一方寶地。憤怒群眾幾乎要把武漢地鐵公司釘在「賣國賊」的恥辱柱上。後來,「周黑鴨·江漢路站」的招牌終於被拆了下來……

武漢另外兩家名頭較大的鴨脖店,一家是精武鴨脖,一家是久久鴨,創始人也都是重慶人,這倒也解釋了為何辣鴨脖比湖北家常菜的口味更麻辣。看來,這股風潮很可能是沿長江順流而下,在漢口港上岸,最終扎根下來。就像池莉小說中描寫的一般,武漢這座市井氣十足、潑辣爽直的城市,冥冥之中倒是與辣鴨脖的風格相得益彰。特別是在溽熱的夏夜,幾瓶冰啤酒,一碟鴨脖子,足夠在穿堂風的巷口坐到深夜。

武漢美食有個有趣的現象:除了「飯稻羹魚」的傳統湖北菜,經常會有某爆款一陣風地颳過,熱遍全城。香辣蟹、蒸蝦、牛骨頭……東西南北風輪番颳過,每次回趟家都有新奇發現。這不禁讓我感嘆:為何我大武漢在吃這件事上如此牆頭草?

想了想不外乎是物產豐富，「湖廣熟，天下足」，各地的食材在這兒都容易找到，操作起來方便。再來就是碼頭城市天生的包容心，見慣了南來北往的人流與貨運，使得我們很樂意嘗試新鮮玩意兒。有些事物流行一陣子也就過去了，有些則被融合吸收，成為本地生活的一部分。

於是，神經大條的武漢人高高興興地讓鴨脖子充當了城市的美食名片。當然，冠名地鐵站是不行的！然而，真正的一個武漢胃還是熱乾麵養大的。對於離家在外的武漢人來說，返鄉的那一刻並不是飛機降落、火車進站；而是坐進早點鋪子的瞬間──一筷子熱乾麵，一口蛋酒下肚，哐當一聲，這才算元神復位了！

鴨脖
食用鴨脖需要耐心，慢條斯理地啃至露出整段骨頭，再將骨頭一節節分離、吸出滑嫩的骨髓，這份貪婪的快樂只屬於成年人。

鴨頭
鴨頭一定要對半切開再來食用，第一步吃掉鴨腦，第二步棄掉鴨眼，剩下的部分就可以慢慢啃食了。

鴨翅
鴨翅的第一口，一定是外層最肥厚的地方，凝固的餘汁在口裡融化，皮肉韌性之餘帶一點油香。

鴨舌
鴨舌是看劇的良配，一隻鴨子只有一根金貴的鴨舌，帶著這份負罪感吃，更覺得鴨舌美味。

鴨掌
鴨掌的精華在掌心，前面的部位都是鋪墊，等咬到連著筋肉的肥厚掌心，吃鴨掌才算正式開始。

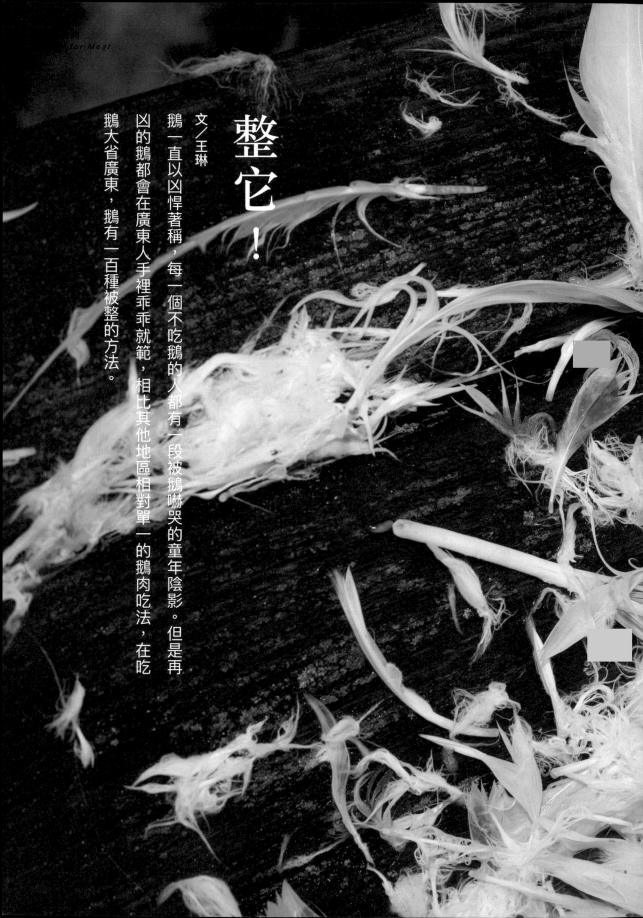

整它！

文／王琳

鵝一直以凶悍著稱，每一個不吃鵝的人都有一段被鵝嚇哭的童年陰影。但是再凶的鵝都會在廣東人手裡乖乖就範，相比其他地區相對單一的鵝肉吃法，在吃鵝大省廣東，鵝有一百種被整的方法。

「鵝」們是快樂的廣東人

文／劉薪　插畫／喔哦噢嗚少年

用一句流行語說，「沒有一隻鵝能夠活著走出廣東」，但這句話有點不太確切，不光是鵝，無論是傳統「三鳥」——雞、鴨、鵝，還是乳鴿、斑鳩、鷓鴣，反正「百鳥歸巢」，都是進了廣東人的胃。

廣東人什麼時候開始養鵝、吃鵝，有傳說是一千年前的宋朝，廣東清遠在那時就已經開始飼養烏鬃鵝（又叫黑鬃鵝），然後更繪聲繪色地說，南宋落難的皇家廚子把江南燒鵝的技法傳到了新會古井，成為「古井燒鵝」。但深圳深井又跳出來說，皇家祕方是傳給了他們的「深井燒鵝」。對這「雙井之爭」，真的可以一笑而過，不過有一點是可以肯定的：廣東燒鵝與北京烤鴨有同一個祖宗，就是南京的金陵燒鴨，自明清以降分別傳入兩地，演化成了如今的模樣。

等下，不對呀！鴨和鵝明明是兩個物種，是的，但是橘越淮而為枳，鴨鵝越南嶺而小隻──簡單來講，就是瘦，皮下脂肪少，而鴨比鵝更瘦。正如你在廣州街頭很難看到一個胖子，廣東的鴨比雞大不了多少，每隻也就一兩斤（一斤等於 0.5 公斤），比四五斤重的北京填鴨個頭小太多；而廣東的鵝每隻也就是六七斤重。如果拿一隻廣東的鴨去烤的話，烤不出北京烤鴨那種「脆皮」；如果改用廣東的鵝則恰到好處，肥厚的胸肉烤得紅錚發亮，肉質飽滿嫩滑，油而不膩，燒味店裡的師傅拿鈎子鈎起，全部是鵝胸朝外，整整齊齊地掛在櫥窗裡，光是想想都饞得流口水。

鵝很難在家裡自行製作，僅以燒味檔的常備選項而言，白切雞、醬油雞、叉燒、燒腩都是可以自己小試身手的，而燒鵝則不可能。不要說家庭了，連普通餐館都未必能做。香港米其林燒鵝餐廳「鏞記」創辦人甘健成就曾經解釋過，鏞記為什麼不開分店，是因為在創立之初向香港政府申請了一個炭爐牌照，但是現在如果要再申請的話，因為環保的

原因，應該不會再批了。爐子只是燒鵝的「基建」，真正的調味、上色，觀察火候和決定時間，技術還是在師傅心中。除了燒鵝以外，潮汕滷鵝的做法也極其複雜，一般人不易掌握，普通家庭唯一可以做的是「三杯碌鵝」，所需要的技術略簡單一點。

但難做並不妨礙燒鵝的擴張，與獨守總部的鏞記相反，香港的太興燒味餐廳就是要反其道而行之，拋棄炭爐而用電爐，祕方不再是師傅心中的祕密，而是一套標準化的調味、烤製和出爐流程。太興燒味集團董事總經理陳永安曾經說，這就是為了讓不太熟悉燒味製作過程的人，都能按照配方完成工序，而且品質能夠得到保證。即使分店開到了內地，甚至海外，只要有設備和材料，誰都能成為「燒味師傅」，甚至女性也可以──以前雖然沒有禁止女性入行，但因為一掛爐裡十幾二十斤肉，女性根本轉不動烤叉。有了機械化烤爐，半頭豬都能輕易轉動，而且女性比較細心，還能及時發現烤焦等特殊情況。

廣東的氣候一年四季都適合養鵝，從農業的角度看，鴨與鵝都可以與稻田、魚塘共生，在魚米之鄉、水網密布的珠三角地區比較方便養殖，但是廣東四大鵝產區：清遠、開平、陽江和潮州，都在珠三角之外，為什麼呢？因為這些地區種糧養魚不如珠三角，甚至還有部分山區丘陵地帶，而一來鵝吃草就可以養活，二來生長速度雖然與鴨子差不多，但是鵝的經濟價值明顯更高，養鵝更能賺錢。假設你是一心要拚經濟的養殖戶，你當然會選擇養鵝了。

不過，如果你身在潮汕地區，全村都是一心要

奔小康的養鵝戶，那你最好還要有一點好勝心。潮汕地區不少村子有「賽神」的習俗，有的甚至保留到今天。而「賽神」，通常包括「賽大鵝」，家家戶戶選出自家最好的鵝，擺出來比一比，最後供到祭壇上，神明和祖先都是「評委」。這種比賽對於選育優良鵝種功不可沒，因為養出一隻大鵝，不僅能脫貧致富，還有光耀門楣、揚威鄉里之效，搞不好滿天神佛都會保佑你。所以，潮汕的獅頭鵝為什麼能賣這麼貴，人家從三十八輩祖上就開始參加選秀，PK（淘汰）掉各路歪瓜裂棗只為了C位（中間位置）出道，不賣這麼貴都對不起導師，哦不，是農戶的養育之恩吧。

就是這樣的比賽，賽出了人類歷史上——你沒有看錯，不是華南歷史，也不是中國歷史，而是人類歷史——最大的鵝類品種獅頭鵝。說起潮汕的獅頭鵝，那真的是「鵝中之獅」，一隻獅頭鵝有十多斤重。其鵝頭除了造型獨特、一臉凶相以外，也是整隻鵝價格最貴的部分。

滷水是潮汕菜的一個主打做法，獅頭鵝也是以滷製為主。為什麼獅頭鵝不能做成燒鵝呢？有資深粵菜廚師說了一個小祕密，因為獅頭鵝太大隻，尤其是胸肉很厚，燒起來不易熟；而且獅頭鵝的脂肪比例比一般的鵝低，也就是更瘦，容易發生要麼燒不熟，要麼燒得太柴的情況，這樣一來，滷製就與獅頭鵝最配了。

滷製還有一個好處，是全鵝都不浪費。君不見廣式燒鵝是被砍去腳掌和鵝翅的，只斬剩一個「腋窩」夠掛鐵鉤就行了，因為這兩個部分一個是膠原蛋白，另一個犄角骨頭太多，放到掛爐裡也會變成

柴，所以這一對「手足」必須另外組合重新出道，成為「掌翼」這一道菜，或是紅燒或是滷製，但如果全鵝都是滷製的話，就沒有這個問題了，想想也是，祭祖的大鵝當然是要全隻奉上，不然少了一對鵝掌，祖奶奶吃什麼來補充膠原蛋白呢？

與廉政公署有一腿的燒鵝，
你敢吃嗎？

文／劉薪　插畫／突突

一條完整的鵝腿大約能占全鵝重量的八分之一，香港人篤信燒鵝的左腿比右腿好吃。
那燒鵝的黃金左腿是怎樣煉成的？

香港什麼東西最難吃？相信是「入廉記飲齋啡」。

「廉記」是香港廉政公署的謔名，「齋啡」就是黑咖啡。這杯咖啡有什麼特別？無他，就是苦澀。如果廉記邀請你去，多半是你已經「因為嚴重違紀違法接受調查」了，咖啡再好，喝起來也不是滋味。

近日灣仔利東街重建，竟然開了一家「廉記冰室」。老闆也是討巧，將「廉記」註冊成商標，而且裡面還真的賣咖啡。某日在廉記吃早餐，旁邊一桌是四個大漢。他們先吃完，就開始「吹水」（嘴砲），其中一個看著店裡牆上的牌匾「廉而有信」說：「怎麼會有『廉而有信』的事情呢？你問問當香港差佬的為什麼要當警察，還不是因為薪高糧準（薪水高，準時發）？」

其他三個大漢一時陷入了沉默，那位繼續說：

「沒錢怎讓人做警察？現在沒得收『陀地』（保護費）啦。」確實，香港警察現在看來是勇敢勤奮的象徵，港劇裡更顯得英明神武，但是在 1960 年代到 70 年代初，香港警察就是貪汙受賄的無恥之徒，而且從基層警員到高級警司全面陷落，用今天的話來講就是「坍方式腐敗」。貪汙問題在 1970 年至 1972 年尤其嚴重，警察與黑社會相互勾結，沿街巡邏的警察同時也在逐家商店收「陀地」，如果警察大人餓了要來吃飯，店主非但不敢收錢，還要以最好的飯菜奉上。

所謂「燒鵝左腿最好吃」的傳說，也是在這樣的背景下誕生的。

燒鵝本來就是燒味之中最貴的一種，一是因為鵝的價格遠比雞、鴨貴，二是燒鵝很難家庭自製，不像叉燒、白切雞，好壞還有「低配版」，燒鵝只能從店裡「斬料」。

燒鵝哪一部分最貴?當然就是鵝腿了。在香港,一隻雞腿或者鵝腿是「下髀」(下腿)加「上髀」(大腿)。一條完整的鵝腿大約能占全鵝重量的八分之一;再加上廣東人講究吃「運動的肉」,吃魚要吃魚尾,吃鵝當然是要吃鵝腿了。

那麼左腿和右腿有什麼區別?傳說當年收取保護費的警察來到燒味店,不太確認這家的保護費收了沒有,於是就問店主,「唔該一份燒鵝髀飯,唔知系左髀定系右髀好食?(請來一份燒鵝腿飯,不知是左腿還是右腿比較好吃?)」店主心領神會,因為「左髀」倒過來是「俾咗」(給了),如果回答「左髀」,那警察就知道這家已經收過了。

有一點可以佐證,在廣東食用鵝的四大產地——潮州、清遠、開平和陽江,以及粵菜搖籃的順德、食客雲集的省城廣州,都沒有「左腿比右腿好吃」這個說法。介意左腿和右腿的,只有香港。或者說,只有當年那個警匪一家、貪汙遍地的香港。

在這個危急存亡的關頭,1973年英籍總警司葛柏被發現擁有超過430萬港元財富,而且來源不能說明,但是葛柏潛逃英國,引起了老百姓對貪汙怨氣的總爆發。港督麥理浩決定成立獨立的反貪機構,廉政公署在1974年成立了,直接對港督負責,對警署來了一次從上到下的大清洗,葛柏被引渡回港受審,「五億探長」呂樂潛逃加拿大,從此「ICAC」(廉政公署)名震香港,燒鵝店、香菸店、魚蛋攤和大排檔們,再也不用擔驚受怕了。

話說回來,燒鵝最好吃的部分是不是腿,這也得看你會不會吃。香港燒鵝之王米其林餐廳「鏞記酒家」已故總經理甘健成曾經接受訪問,說愛吃鵝腿的多數是年輕人,或者是小朋友。而介意脂肪攝入的中環小姐,喜歡吃鵝胸——請勿想歪,不是以形補形——因為鵝胸肉脂肪少,瘦肉多,多吃不怕胖;如果是喝白酒的酒客,通常會以鵝背肉作為下酒菜,因為背部皮香肉嫩。如果佐以紅酒,就要吃「鵝碎窩」,這也是甘健成最喜歡的,他形容是全鵝「最刁鑽」的部位,就是鵝頸下方、胸口以上、鎖骨中間的一塊圓圈位置,據說這裡是鵝吃飼料的必經之地,也是一塊「運動的肉」,脂肪幾乎為零,但是沒有肉,只有皮,而這塊鵝皮據說「脆到粉碎」,而且每隻鵝只有一塊「碎窩」,可以說是很珍貴了。以後吃燒鵝,不要一上去就搶著吃腿,更不用搶著吃左腿了。

「啊,你可別說,這家店起碼一個月要交20萬的『陀地』吧。」四個大漢繼續八卦。我心裡一驚,怎麼,這年頭了還有收「陀地」的?是警察還是黑社會?他旁邊的人接道:「那肯定啦,利東街重新開發過,裝修不用錢嗎?每個月20萬跑不了吧。」

哦,原來他們說的「陀地」,是地產商收的啊。

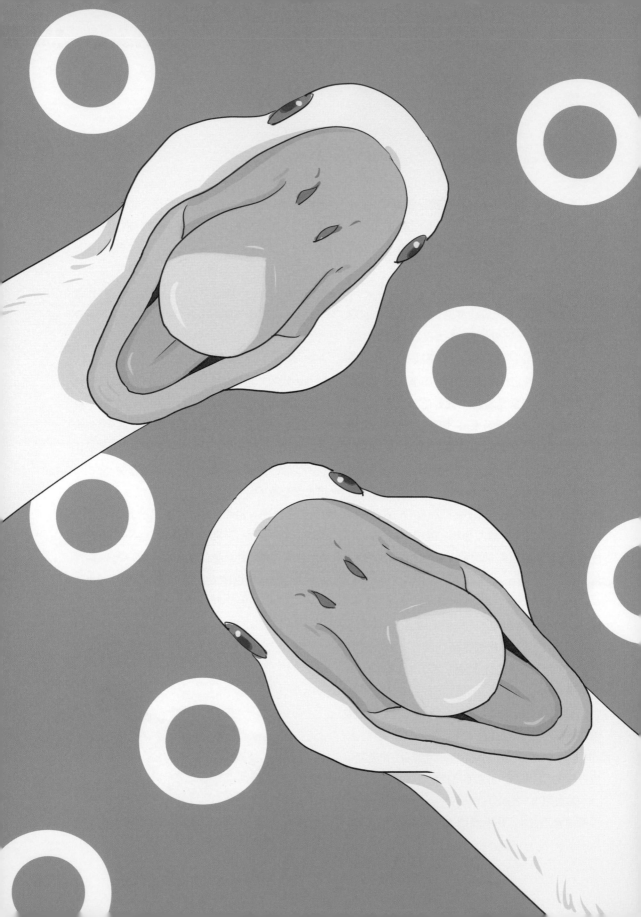

放棄任何燒鵝大法，
要吃潮汕千元一隻的鵝頭

文／王愷　插畫／Tiugin、蔓蔓

不光薑是老的辣，鵝頭也是老的香。老鵝頭的精髓在「老」，鵝頭來自百裡挑一的老公鵝，成熟的味道秒殺一切小鮮鵝。

　　吃到澄海的烏弟家的第一口鵝肉，就被鎮住了，中國傳統的飲食類肯定有鵝這一大項，各種燒鵝、蒸鵝、滷鵝，可是像澄海地區滷得如此鮮美、入口即化的，也是少數。揚州一帶有萬筍燒鵝，都是常見的美味，可與潮汕的滷鵝相比，頓時失去了顏色。

　　滷鵝是潮汕的特產，當地的滷味以滷鵝為根本。當地的餐館一定要有滷鵝，可能和這裡的祭祀傳統有關係。

　　這裡信奉的神靈眾多，許多場合都需要整隻的鵝或鴨去做獻祭，當然家家戶戶都有了自己的滷鵝手段，家家戶戶也都有自家的滷鉢。不過這麼多年下來，還是流行鵝肉的鮮嫩，從來沒有聽說過滷製老鵝的。

　　不僅僅是鵝肉嫩，鵝的任何部位，都講究入口即化。比如切一盤拼盤鵝肉，店家一般會配上幾塊鵝血，一段鵝腸，少許鵝頭，共同特點都是舌尖上能嘗到那種鵝肉油潤的融化感；當然，鵝肝是需要另外點的，也很肥腴，用滷汁和鵝油慢慢浸熟的鵝肝，入口就化，嘴巴裡全部是它的香味。

　　所以老鵝頭的流行算是件奇怪的事情，也就是這兩年，不以嫩著稱的老鵝頭突然出現在潮汕人的餐桌上，這種老鵝至少需要兩三年才能長成，骨頭特別硬，甚至需要專業的廚師才能切開。問張新民，他解釋說，還是因為潮汕人的好舌頭，他們並不忌諱新出現的味道和口感，只要是好東西就行。最早的老鵝頭，起源於汕頭旁邊的鷗汀鎮，「可以去那裡看看」。

　　我們凌晨5點進了鷗汀鎮，因為在這時候，各家各戶已經快完成了他們的滷鵝過程，分別送到廣

州、深圳和汕頭市區去，那裡有專門的客戶等著。這種滷味，都是當天滷好當天食用，不能拖延，當地的滷味原則就是這樣。

暗黑的街道有點看不清，可還是能聞到陣陣香氣，那是大鍋滷味的特殊香氣，隨便走進一家小滷房，都能被這個味道籠罩住。帶我們去的李小姐領我們去她家的滷製廚房，告訴我們要仔細分辨，有些滷鍋裡面添加的是鵝肉精，那種味道，初聞很濃，可是聞久了會覺得不舒服。真正的老鵝，是絕對不會添這些東西的，因為鵝本身的味道已經很濃郁了，邊說，邊從鍋裡撈出了一塊碩大的鵝胗讓我吃。啊，老鵝的胗肝，耐嚼，可是香味更濃厚，相比之下，嫩鵝雖然口感好，可是香味遠遠不如。這時候我有點明白，為什麼老鵝頭可以流行開來。這是一種突出香味的食物，說到底，還是潮汕人對吃的要求的多樣化造成的。

整隻鵝，翅膀部位往往用繩子綁上，因為容易熟透掉下來，而臨近過年，很多人是要買回家先給祖宗供奉的，當然需要完整，這也是滷製老鵝比較麻煩的地方。

整個潮汕地區鄰近韓江的水域都是養鵝的好地方，尤其是三角洲地區，茂盛的水草環境哺育了著名的獅頭鵝。這是此地著名的鵝品種，據說外地出產的就不是這個味道。之所以叫這個名字，是因為鵝頭碩大。老鵝頭因為臉皺肉多，有很大的鵝下巴，一個滷好的老鵝頭有幾斤的重量。老鵝頭不同的部位口感各異：有軟韌的鵝冠，還有堅韌的鵝脖，而臉頰就有數種口感，所以成為壓倒嫩鵝頭的食物。

這些老鵝，基本都是配種的公鵝，100 多隻裡面只有 1 隻，身體強壯，遠超過一般的鵝。一般配到兩三年後，會被送到屠宰廠，對於老公鵝是不幸的，可是對於吃的人來說，就沒那麼多考慮了。

鷗汀鎮現在做老鵝頭大名鼎鼎的是林德芝，他一手把那裡的老鵝頭帶進了汕頭，價格超過一般的鵝肉。這裡面，還有一個比較常見的勤奮故事：當地一般人家不願意做老鵝，家庭設施也不行，要煮三四個小時才能爛透，可是鷗汀鎮是著名的家禽批發市場，一群鵝裡面總有幾只老的，自然就有很多老鵝需要銷售。抱著試驗的心態，林德芝開始在鷗汀鎮的集市上滷製老鵝銷售：「剛開始很難啊，沒有人喜歡，10 隻嫩鵝都賣掉了，老鵝還掛在那裡，當地人覺得老鵝有味道，不好吃。」後來城裡來的幾位汕頭人吃到了，一下子喜歡得不得了。「那鵝頭，是完全不同的，鵝冠軟，禁得起嚼，特別香；脖子上的肉可以撕成一縷縷地下酒，口感特別飽滿，又油又甜。他們買習慣了，加上小鎮上生意不好，後來我就索性搬到汕頭城裡做滷味了。」

很快，鵝冠就成了當地饕客的必點菜，「有人說口感像鮑魚，有人說口感像花膠，就是那種又韌又飽滿，而且不會咬不動，裡面的肉還特別酥」。

現在站在面前的林德芝，是典型的潮汕成功人士的模樣，粗大的金項鍊，手裡兩支手機快忙死了，名下已經有幾家滷味店和大酒店，王牌菜就是老鵝頭，他自己的手藝也還在。「滷鵝頭，我的香料配方，和別人不一樣，會特別加當地的米酒，還有茴香。切鵝頭也特別複雜，別人的嫩鵝是很容易

就能切開的，我們這裡要培訓，必須學會關節在哪裡，才能切得漂亮。」他說。把老鵝頭切漂亮的手藝需要培訓半年才能學會。

我動員他的廚師切一個老鵝頭給我們看看，廚師馬上面露難色，原來一個鵝頭價格接近1000元，非顧客購買不能切開。

完全捨不得。

切鵝頭，要總經理特批。

「怎麼那麼貴啊？」「對，就是這個價錢了。別的鵝，一斤肉6、70元，鵝頭也不特別貴。可是我們的老鵝頭，價格是228元一斤，每隻鵝頭有三四斤重，自然也就是這個價格了。」根本原因還是原材料的成本貴，他們選的老鵝，不能太肥，也不能太瘦，也不能太老，「太老了還是咬不動，而且費工，要專門雇人每天凌晨拔鵝頭上的細毛，這麼一來，成本越來越貴」。不過後來還是切開鵝頭給我們看，廚師不知道怎麼就劈開了鵝頭，一段段脖子，像花瓣。而鵝頭上的軟冠，被切成細片，有一種特殊的誘惑。

其實，不僅是潮汕，很多廚師都會挑選家禽的冠，做成好菜，我就在一家米其林餐廳吃過雞冠燉蘆筍，當然是因為雞冠鵝冠都有自己特殊的質感，不那麼老，外部韌內部溏心，是天然的好食材，老饕不會放過——不過知道的人不多罷了。

老鵝頭被推選出來，還是因為香港食客的捧場，現在香港常有美食旅行團過來尋找吃的，最後找到了老鵝頭，一桌人切一份就好，蘸店家提供的特殊蘸料，那香會更加突出，每人都能嘗嘗不同於深井燒鵝的滷鵝頭的味道。

因為生氣於店家小氣，他們招待的28元一份的鵝肉飯我們也不想吃了。

猶豫再三，我最後還是買了隻老鵝頭帶走，帶回了北京。雖然貴，可是在自己家的餐桌旁，就著濃郁的酒，把鵝頭肆意撕開，吃著又韌又香的各個部位，還是特別得意的。吃法比較猙獰，可是真的有一種散發著油脂香的異常美味。

鵝掌恩仇錄

文／eimo　插畫／蔓蔓

說來弔詭，傳統廣府筵席菜裡，禽類以雞、鴨、
鴿、鷓鴣為尊，唯獨鵝不上檯面。袁枚所著《隨園食單》
「羽族單」洋洋灑灑列出的 47 道家禽菜譜裡，鵝只占 2 道。而它的副產品——鵝掌卻
能搭上鮑魚、海參，成為如今高級粵菜食府裡的硬菜。

喜吃鵝掌的人，對它總是懷著愛恨參半的情愫。

愛它膠質豐富的軟糯口感，恨其骨多，毫無優雅吃相可言。你得手口並用，準確找到鵝掌骨頭和軟骨的連接處，乾脆俐落咬斷，然後才能用唇舌和牙齒仔仔細細剝下它的外衣，輕攏慢捻抹復挑，歷經漫長前戲，享受到的高潮不過一瞬間。這正是吃鵝掌的樂趣所在，就跟吃鴨脖一樣，不求飽，只為過一把口癮。

被去骨的鵝掌總是少了點趣味，比如鮑汁扣鵝掌。正兒八經的酒樓做法，難點就在於完整去骨。一個好的廚子深諳鵝掌裡每道筋絡，剛柔並濟，把長骨取掉後鵝掌表面還能保持完整，手法之高毫不亞於外科醫生。

古人做鵝掌的方式相當奇葩。據江獻珠的恩師、1990 年代香港知名食評家陳夢因先生記載，傳說中做得最標準的紅燒鵝掌，製法如下：「先將活鵝的鵝掌洗淨，置鐵楞上，蓋以竹籠，下用文火烤炙，鐵楞逐漸加熱，鐵楞上的鵝自然虢跳不已，然後飲鵝以醬油和醋，是時鵝仍在鐵楞上跳躍，受了高熱的鵝掌也逐漸發大，直至於活鵝被炙熱至不耐，其掌也發大至像一把扇，然後斬其掌吃之。」

如果這是真的，也未免太過殘忍。現在廚子處理鵝掌通常先汆水再過油，搭配乾鮑、冬菇、高湯等鮮味配料增味，烹飪手法也主要以燜、扒、扣、紅燒為主，最後勾上一筆濃墨重彩的芡汁，才能和口感軟糯肥厚的鵝掌相輔相成。

向來務實的老廣更喜歡這個接地氣的吃法——鵝掌煲。每到秋冬，嘴饞食客就開始惦記「廣記餐廳」那口炭爐。這家藏在廣州萬福路騎樓

下的老字號，靠一味「掌翼煲」屹立十幾年不倒，多年來維持著老派裝修和口味，唯一的改變，應該是室內不能再燒炭，改換為電磁爐，要感受傳統炭爐風味只能移步室外。

煲裡青翠大蔥段和紅褐色湯底相互映襯，伸勺一撈，滿滿的鵝掌鵝翅，料十分足。湯底大概下了八角、甘草等香料和柱侯醬，興許還有冰糖或羅漢果，鹹中帶甜，你若想往細裡問，店主只會甩下一句：「祕方。」等湯底越滾越濃，便成為絕佳滷汁，香氣直飄出門外，勾得過門人心癢癢。

吃這掌翼煲要極其耐心。等爐火燒旺，至少悠篤篤燉上半個時辰，才能開吃。其間總有人心急火燎想去掀煲蓋，阿姨忍不住出口提醒：「靚女，米咁猴急，未得咖！」（美女，別這麼急，還沒好。）終於等它煮開，先瓜分一輪鵝翅，再加入炸芋頭、支竹等配菜同煮。吃鵝翅請記得蘸那碟「黑白雙煞」──白腐乳甜麵醬，能讓味道呈幾何級指數昇華。一鍋只配一小碟，想添還得額外加錢呢。

待湯底由濃變淡，再由淡變濃，如是反覆兩三次，最後鵝掌酥軟得輕易便可骨肉分離，味道盡數滲進鵝骨中，這才是極品。幾輪菜涮下來，同台飯友大多沒什麼戰鬥力了，只剩我一個人默默啃著最後的鵝掌，賣力將碟中骨頭堆成小山，內心不禁默默奏起了小五郎的戰歌。

同樣愛鵝掌的，還有潮汕人。他們吃得極其精細，無論是一頭牛還是一隻鵝，進了潮汕人鍋裡，只有被徹底吃乾抹淨的份兒。

跟廣州人熱愛扒、扣不同，做鵝掌，潮汕人喜歡用滷的。每家都有獨門滷水配方，經過成千上萬

隻鵝的浸潤，年復一年，沉澱出老滷的雋永滋味。小餐館和夜粥檔做的滷鵝掌通常偏鹹，下酒配粥皆妙物。而高級酒樓會處理得更平衡、精緻，滷水味不搶鋒頭，各種香料層次分明地鋪開，越啃越香。

現在年輕一輩的潮汕人已經不滿足於滷水冷盤，他們發明了攻擊性更強的神物：滷水火鍋。不久前被汕頭土著帶去飯點永遠排隊的名店「圍爐夜話」，只見深棕色滷水上蕩漾著一層亮晶晶的蔥油，香氣近乎諂媚。他特別叮囑我剛開鍋就得把鵝掌丟下去，一直煮到最後，直至鵝掌肥厚的皮都膨脹起來，好吃是好吃，但相比傳統滷水冷盤，就有點像用力過猛的網紅。

我吃過印象最深刻的鵝掌，竟然是在泰國曼谷一家潮州餐廳，頗有「禮失求諸野」的意味。

南洋賣豬仔時期，不少潮汕人流入泰國，經過一代代沉澱發展出獨特的「泰華味道」。百年潮州菜館「廖兩成」是極守舊的一家，自1891年至今，傳承四代，仍沿用炭爐做菜，小至醬汁都是自家製，保留著老派潮州菜的做法和味道。

蝦棗、粿卷、生醃蝦⋯⋯終於等來充滿古早味的鎮店招牌「鵝掌撈麵」。蒸過的鵝掌再入砂煲燜焗，在原始木炭火的熱力作用下，鵝掌徹底釋出膠原蛋白，皮肉將化未化，連骨都變得酥軟。更要命的是他們獨家調配的醬汁帶著沉鬱香料和藥材香氣，最後黏稠的濃縮醬汁和大量豬油緊緊裹住每根麵條，每口都是精華，無上美味，出了曼谷再也吃不到。

風鵝來襲

文／趙志明　插畫／突突

說句老實話，聞到風鵝的濃郁香味，天底下是沒有幾個人還能坐得住的。

鵝字，左半邊是「我」，右半邊是「鳥」，一看就不是浪得虛名之輩，乃「執戈之鳥」，日夜警醒且好勇鬥狠，發飆起來能一口氣追擊敵人幾十米，一旦咬住了輕易不鬆嘴，而且還會搖頭晃腦地「擰」。這可不是女朋友嗔怒時的掐或擰。俗諺說的好，寧可遭狗咬，不敢讓鵝擰。鵝喙內兩側，還有舌挑上，都是細密倒刺，跟鋸齒一樣，青草被它一戳即斷。溧陽的小佬家（小孩子）幾乎都有被大白鵝追得到處跑的經歷和陰影。

凶悍的白鵝竟然是素食主義者，這一點很出人意料，由於在水裡吃水草，在岸上吃青草，在欄裡吃稻穀，戒絕了蟲蟻魚蝦螺蛳，是否因此導致它的肉沒有腥羶味不好說，但乾淨是無異的。白鵝食量極大，又特別貪吃，如果不定時定量投餵，牠們會一直吃到長長的食管都凸顯出來，像一根大蚯蚓，食物堆到下巴處都不肯罷休。因此又有呆頭鵝

槓頭貨一說，很容易養膘。

成年鵝重達十幾二十斤，和雞鴨同欄，蛇來了戳蛇，黃鼠狼來了戳黃鼠狼，一副「我才是霸王」的架式；更凶狠的野貓和更狡猾的賊人來了，它自忖不敵，於是大聲鳴叫，示警傳檄，也能讓強敵偃旗息鼓地敗退。因為叫聲洪亮，嘎嘎嘎得像爆竹，因此又得名「嘎鵝」。

江蘇溧陽地處長江下游，水網密布，才會隨時撞見「前面一條河，游來一對大白鵝」的場景。農家養鵝，一般都會養一年以上，一來鵝蛋遠比雞蛋鴨蛋金貴，二為白鵝領地意識極強，可以看家護院。家養一年以上的白鵝才能稱之為老鵝。在以前，來了客人，老雞婆、老鴨、老鵝煨湯，是主人家拿得出手的最好的招待。

製作風鵝過程如下：先用菜刀割鵝喉嚨放血，瀝盡血煺光毛之後，再用剪刀於鵝肩鵝尾部鉸出

兩眼洞，從前面拽出喉管，從後面掏空內臟，以食鹽內外用力仔細塗抹幾遍，浸泡在鹹水缸（滷水缸）中，一週後出缸晾曬風乾。鵝的塊頭大，頸梗長，和雞鴨同樣掛在檁子上，腳爪便要夠到地面。晾到表皮發硬，裡面的精肉緊致泛紅，油頭源源不斷地滲透出來，風鵝也就大功告成。溧陽人家家戶戶都會醃製的風鵝，祕訣就在於一個老字，一個鹹字。

如法炮製醃製的老鵝風味絕美，是佐餐下酒的首選。袁枚在《隨園食單》中極力推崇的「雲林鵝」，《紅樓夢》裡芳官挑食的「胭脂鵝脯」，名稱雖然有異，但萬變不離其宗，口味雖有不同，打底的都是風鵝。風鵝，風鵝，風鵝，重要的事說三遍，無論你是喝粥吃飯弄碗麵，還是喝啤酒白酒紅酒威士忌，一塊鹹鵝肉在手，萬事都可拋腦後，會讓你愛不絕口。或蒸或煮，紅燒火鍋，種種吃法，無不讓人大快朵頤。馬鈴薯、白菜、蘿蔔、青蒜、豆腐、粉絲，作為配菜都立即「雞犬升天」，這些風鵝伴侶，吸足了鵝肉的鹹香和油頭，好吃得讓人停不住嘴。

即使單單吃風鵝，也是人間至味。把老鵝剁塊，直接放入水中煮，甚至什麼佐料都不要放，香味和味道便自然而然地四溢而出。風鵝極不易煮爛，堅固的鵝肉對牙齒是極大的考驗，但對味蕾和胃是絕佳的饋贈。待風鵝煮熟，鵝皮如水晶，白薄之色接近透明，鵝肉暗中透紅，紅中發黑，起鍋後便可從容不迫地品嘗。鵝頭大概是鴨頭的兩倍大，自然舌頭也是鴨舌的兩倍大，鴨舌有多好吃，鵝舌就有兩倍好吃，一條鵝舌喜相逢，吃到嘴裡都是

肉。溧陽人稱翅膀為飛拐，鵝翅膀就是鵝飛拐，一盆鵝飛拐能吃到滿手是油，根本停不下來。撥清波的紅掌被剝去外層角質表皮後，白瑩瑩的掌蹼營養價值極高，更重要的是好吃還有嚼勁。據說五代時有個叫謙光的僧人，嗜鵝掌如命，恨不得天下鵝都生四掌。要是讓謙光見到右軍（王羲之），估計真會大打出手。至於吃鵝腿、鵝胸肉，及其他部位的肉，此中滋味，就更直截了當了。輕輕撕開鵝皮，皮下只有一層薄薄的脂肪，露出了平素因為好勇鬥狠而練出的一身腱子肉。肉質鮮美，纖維分明，只要有足夠的耐心，可以把肉一絲絲地分離出來吃，同樣齒頰留香，回味無窮。

舊時，溧陽人去鄰居家串門，若看到主家吃鹹鵝，一定會發出驚嘆：「喔唷餵，你們家裡的伙食交關好，吃起嘎鵝來哩。」上大學後，我離開家鄉日久，漸行漸遠，想起溧陽的特色美食，便會口舌生津。我平時喜歡呼朋引伴聚會飲酒，苦無男女老少咸宜的下酒菜，便會想到風鵝，深刻體味到「千里送鵝毛」的情深義重。即使聞到蒸煮鹹鵝散發出來的香氣，酒量也會大增。

每次回去，家人定會準備鹽水仔蝦、風鵝四件等，讓我一吃解千饞。也曾將風鵝打包特快寄來。快遞小哥很好奇，向我打聽我裡面裝的是什麼好吃的？一路顛簸，風鵝體內滲出的油已經將紙箱底部浸泡出一層明亮濕滑的顏色，那種鹹香味也按捺不住地跑了出來。在我煮鹹鵝的時候，廚房裡的香氣更是讓人沉醉。我彷彿聽到隔壁鄰居食指大動口水滴答。說句老實話，聞到風鵝的濃郁香味，天底下是沒有幾個人還能坐得住的。

豬，偉大的使命

文／王琳　攝影／李佳鸞

在中國，豬難逃被吃掉的命運，中國人吃掉了全世界足足一半的豬。正是因為有了大量的樣本實驗，從豬頭到豬尾，從豬肉到豬皮，中國人吃豬不放過任何一個部位，顯示出了對豬最大的誠意。

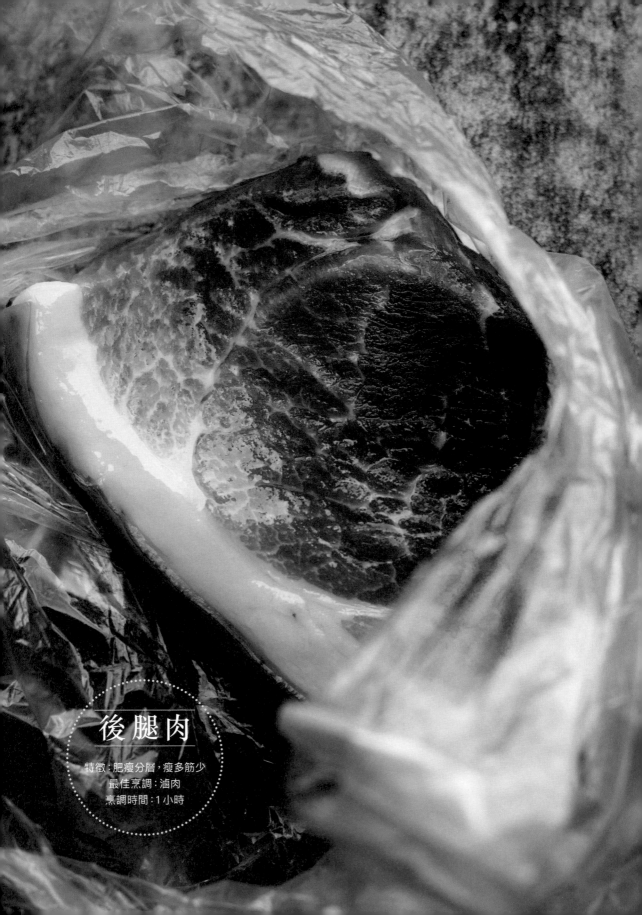

後腿肉

特徵：肥瘦分層，瘦多筋少
最佳烹調：滷肉
烹調時間：1 小時

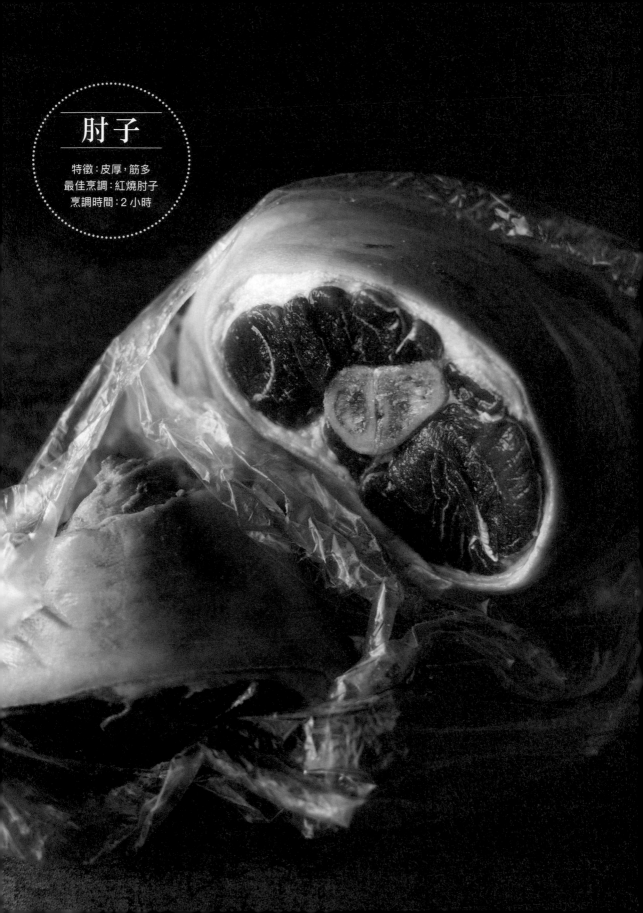

肘 子

特徵：皮厚，筋多
最佳烹調：紅燒肘子
烹調時間：2 小時

五花肉

特徵：皮薄，肥瘦相間
最佳烹調：回鍋肉
烹調時間：20 分鐘

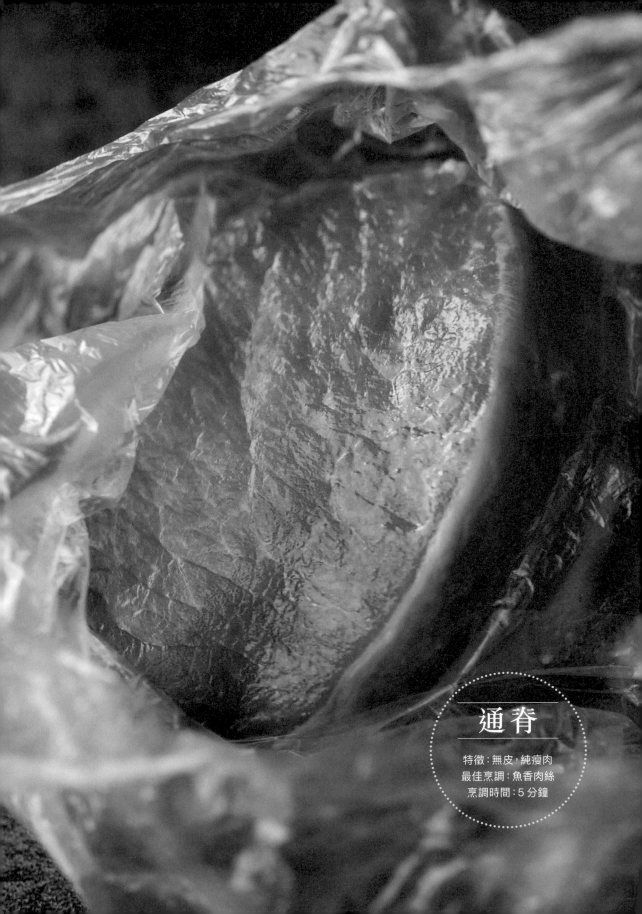

通脊

特徵：無皮，純瘦肉
最佳烹調：魚香肉絲
烹調時間：5 分鐘

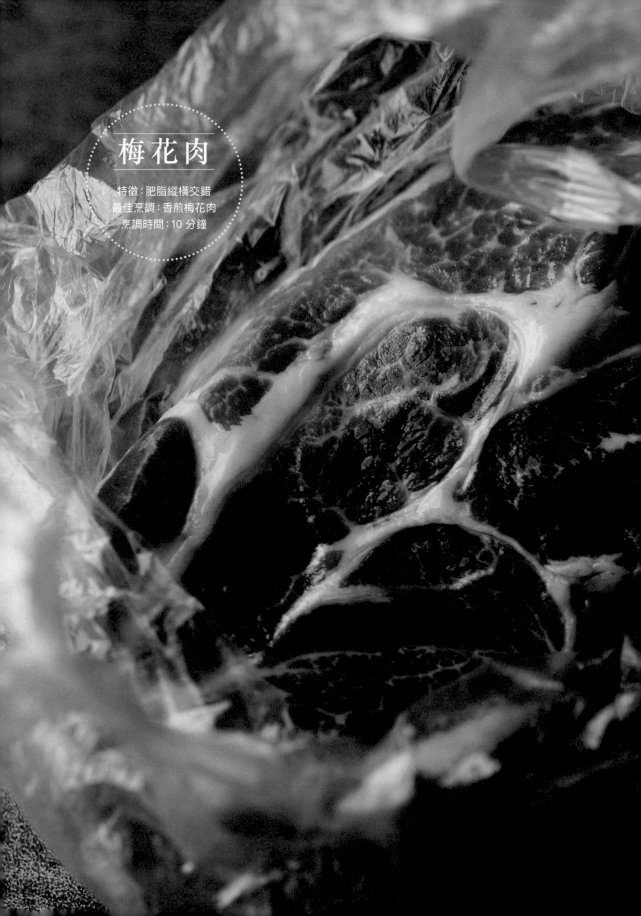

梅花肉

特徵：肥脂縱橫交錯
最佳烹調：香煎梅花肉
烹調時間：10 分鐘

帶脂通脊

特徵：肥瘦分層明顯，無筋
最佳烹調：炸酥肉
烹調時間：8分鐘

豬肉鋪老闆娘的幸福生活

文／李西　攝影／李佳鸞

在大多數人的印象中，肉鋪老闆都是揮刀斬肉、身材壯碩的屠夫，但在三源里菜市場，豬肉鋪裡的女老闆們端坐在自己的攤位內，守著安靜躺在冰鮮櫃裡的肉，曖昧的冷紅色燈光打在肉的紋理上，沒有一點野蠻粗糙之氣。

安姐 45 歲，甘肅人，是三源里菜場的一位豬肉鋪老闆娘。

她留著酒紅色波波頭，耳朵脖子和手指上無一不掛著金飾，因皮膚很白，這些顏色在她身上十分恰當，安姐看起來完全沒有屠夫的樣子。她笑說現在是殺豬的不賣肉，賣肉的不殺豬。

20 歲出頭，安姐就已經做起了肉鋪生意，天天和葷腥打交道。開始前兩年安姐心裡也是排斥的，畢竟這個工作十分「不少女」。

但在安姐老公老曾的眼裡，安姐一直是個少女，奔波的事都是老曾在做。每次出去找供應商拿貨都是老曾早上五點起，獨自行動。安姐說自己沒有方向感，踩個自行車上路都戰戰兢兢，所以這麼多年老公都沒讓她去學車，這也是為了讓她多睡一個小時。

每天下午六點，安姐便開始計算這一天的營收。菜場七點關門前，兩口子會順手買點小菜，回家老公做飯。過年，是安姐一年中休息時間最長的日子。除夕當天早上擺攤到九點，收攤後的夫妻倆會帶著四五十斤肉一起回安姐的甘肅老家過年。

三源里有很多和安姐一樣的肉鋪老闆娘，都是家庭經營。彼此間很熟悉，互有微信。擺攤閒了，安姐也會隔著檔口和其他家閒話家常。大多數肉鋪老闆娘都堅持了七八年，中途退出的也是做久了想改行。安姐覺得進來離開對她沒什麼影響，就好像是同事，入職離職都很正常。她也不認為女性身分讓這個職業有什麼特殊化，「不都是為了生存？和大家在商場賣衣服啊，街邊賣煎餅啊，差不多的」。

很多時候我們總是更看重菜市場那沸騰野生的一面，認為這能激發人的想像。就好像我在初跟老闆娘聊天時，以為她會頂著紅色波波頭，像李碧華筆下那獨自撐起「潮州巷」滷鵝鋪老闆娘一般辛辣精明，然後傾吐一些奇情故事。雖然回答並未如此，但反而覺得這種現實的真實更有意思。若是靠書本影視媒介就可以窺探人類的生活，那真正到生活裡去豈不是就少了很多趣味，畢竟平凡但又充滿閃亮時刻的市井生活，才是大多數人人生的寫照。

如何正確吃掉一頭豬？

文／毛晨鈺　攝影／李佳鸞　插畫／柚子沫

中國人與豬存在著天然默契。豬是中國人最初馴養的動物之一，與狗、雞和水牛並稱我們最好的朋友。如果說狗的本領是看家，雞的價值是下蛋，水牛的工作是耕田，那麼……豬的使命就是——被吃掉。怎樣對待豬豬，才算不辜負？

美味 TOP3

TOP1 里脊	TOP2 五花肉	TOP3 前腿

TOP1 里脊

特點：嫩	別稱：扁擔肉，里肌
稀有度 ★★★★★	美味度 ★★★★★

「豬身上最好的一塊肉是哪裡？」對於這個問題，賣了十幾年豬肉的攤主們難得異口同聲：「最好的當然是早就賣光的里脊咯。」里脊分內外，帶皮的為外里脊，又被稱為寶肋肉，皮與肉的分水嶺就在這裡，肉適合用來做水煮肉片，至於皮嘛，唐魯孫曾經就在地安門外的慶和堂吃過一道「桂花皮炸」（「炸」讀作「渣」）。選脊背上三寸寬的一條，拔盡毛，炸到起泡，曬透後密封一年之久。食用前先要泡軟，再浸泡在雞湯或者高湯裡，切絲下鍋，武火一炒，澆上雞蛋，撒上火腿末，鬆軟濃香，還不膩口。

被好好保護在身體裡面的頂級內里脊是豬身上最稀少，最嫩的部位，兩扇加起來大約 4、5 斤（2-2.5 公斤），如何烹飪真是「淡妝濃抹總相宜」了。最受歡迎的要數糖醋里脊，輕炸過的里脊外酥裡嫩，澆上酸甜汁，趁熱享用，外皮如薄冰崩裂，裡面則是軟嫩清甜的口感。

TOP2 五花肉

特點：脂肪高	別稱：三層肉，肋條肉
稀有度 ★★★	美味度 ★★★★★

好的五花肉漂亮得似裙邊：一層肥一層瘦。五花肥厚，所以極為適合切成薄片或者小塊，肥膩點到為止，過則不及。名聲最響的就是被蘇東坡捧紅的「東坡肉」。謫居黃州的蘇東坡為了給「貴者不肯吃，貧者不解煮」一記響亮的巴掌，特意創造了這道餐桌名菜。「淨洗鐺，少著水……火候足時他自美。……每日起來打一碗，飽得自家君莫管。」長時間的燉煮逼出五花肉的油脂，使其肥而不膩，滲出的油星又浸潤整塊肉身，酥軟異常，即便是八十老嫗都能毫不費力地吃完一塊。

當然，對於老北京人來說，更常見的是將五花切丁，做成炸醬麵。肥瘦相間的五花口感彈潤，只一小粒就舌尖生花。

TOP3 前腿

特點：半肥半瘦肉略老	別稱：夾心肉，前尖
稀有度 ★★★	美味度 ★★★

同一條豬的前後腿，前腿的純瘦肉量是 5 斤，而後腿的則可以達到 10 斤。發達的前腿有著十多塊肌肉，所以筋膜較多，用來炒肉末還行，真要大塊吃可能並不適口。不過，它最大的貢獻就在於可以製餡。對於一過節就吃餃子的北方人民來說，強大的肉餡需求量足以把前腿送上暢銷榜第三名的寶座。

如何正確吃掉一頭豬?

① 豬頭肉　② 豬頸肉　③ 頸背肉　④ 前肘　⑤ 前蹄　⑥ 下五花　⑦ 後腿

⑧ 後肘　⑨ 後蹄　⑩ 豬尾

1. 豬頭肉
特點：皮厚肉老，有彈性
別稱：元寶肉
稀有度 ★★★★★
美味度 ★★★★

夏天最快意的事情就是大剌剌拿天蓬元帥的臉面來做下酒菜。豬頭肉是大概念，裡頭仔仔細細還能分出豬鼻子、豬耳朵、核桃肉等等，多用於涼拌或做滷菜。《金瓶梅》裡，西門慶的老婆們要吃酒就少不了讓宋蕙蓮準備豬頭。一根乾柴，自製油醬，不出一個時辰豬頭就燉爛了。據說在民國時期的江蘇北部，還有老師傅屬害到僅憑一把稻草就能把豬頭肉煨爛。如此絕技現已難覓，還是穩妥地吃豬頭肉，喝老白酒吧。

2. 豬頸肉
特點：肉質老，肥瘦不分
別稱：槽頭肉，血脖
稀有度 ★★★★
美味度 ★★

豬頸肉是前腿與豬下巴之間的一塊肉，素來是不受待見的。因為是殺豬時開口放血之處，所以被稱為「血脖」，同時又因為這塊地方總挨著料槽，又被稱為「槽頭肉」。除了談之色變的淋巴，豬頸肉還因為肥瘦摻雜、肉質綿軟的特點而不被看好，大多剁碎了製餡，但在《邊城》裡，翠翠的爺爺卻獨愛拿夾項肉燉胡蘿蔔下酒，看來老人家牙口也是極好的。但就在這為人不屑的地方，有著豬身上最寶貴的「黃金六兩」：松阪肉。松阪肉可以被歸為豬頸，卻堪稱最華麗金貴的一塊。油花均勻，肥瘦相間，形似雪花牛肉。炒或者烤都不減滑嫩，入口即化。不過除非是愛趕早市的老主顧，否則很難買到。

3. 頸背肉
特點：瘦肉居多，有雪花
　　　脂肪，嫩
別稱：梅花肉，梅頭肉，
　　　梅肉
稀有度 ★★★★★
美味度 ★★★★★

當你沒錢買肋眼做牛排的時候，就去買一塊便宜而美好的梅花肉吧！粵菜大廚若是得了一塊梅花肉，那定然是做叉燒沒商量的一個人的清冷夜晚，也可以切成薄片涮鍋。當然，響油裡過一陣，劈里啪啦地熱鬧一番後，一塊金黃的炸豬排也是很有趣的選擇。

4. 前肘
特點：肉皮肥厚，筋脈有彈
　　　性，膠質足
別稱：前蹄膀
稀有度 ★★★★
美味度 ★★★★

肘子位於腿以下蹄之上，由粗到細過渡的那一段。在南方的宴席上，一道紅燒蹄膀經常是作為壓軸菜登場的。對於缺少油葷的父輩人來說，蹄膀皮是最難得的寶貝，滋味鮮甜的一塊皮，連著油脂滑進口中，肥膩非常。在北方，更多的是吃「醬肘子」，以前最出名的就是西單大街上那家叫「天福」的醬肘子鋪。

一隻豬的可能性遠不止這些。它可以是神話裡的天蓬元帥，也可以是人間一道菜，甚至只是拌麵時的一星豬油。這些都是豬的貢獻，卻又不止於此。

豬的偉大在於：生活在底層，供養全人類。

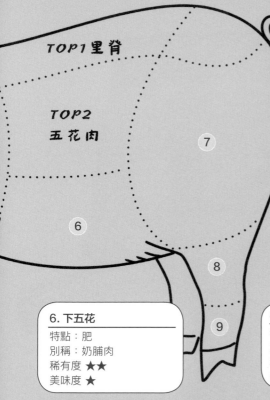

5. 前蹄

特點：膠質足，瘦肉多
別稱：豬手
稀有度 ★★★★
美味度 ★★★★★

豬蹄大概是豬身上最受女性歡迎的部分了。豬蹄的吃法不外乎紅燒和燉湯，但殊不知，分清楚前後才能找到最恰當的料理之法：前蹄有蹄筋，後蹄則沒有。相較而言，前蹄優於後蹄，故有「前蹄後膀」的說法。前蹄筋多肉瘦，倘若燉起來，其實並不討好，最好的是紅燒做成滷豬蹄或是醬豬蹄，嚼勁十足。

6. 下五花

特點：肥
別稱：奶脯肉
稀有度 ★★
美味度 ★

仔細看豬肚子，沉甸甸的、幾乎垂到地上的那塊肉就是下五花。說是五花，大概只是蹭了個名頭，其實肥膘嚇人，肉質很差，比較經常用來做臘肉或者煉豬油。

7. 後腿

特點：皮薄質嫩
別稱：後
稀有度 ★★★
美味度 ★★★★

精肉很多的後腿很容易在料理時變柴變老，比較常用來做回鍋肉。切片後滾水下鍋，才能最大程度留住肉的水分 保證較好口感。

8. 後肘

特點：皮厚，筋多，膠質足
別稱：後蹄膀
稀有度 ★★★★
美味度 ★★★★★

後肘與前肘相比，瘦肉多而肥肉少，更適合燜燒，肥而不膩。

9. 後蹄

特點：骨多，皮薄，膠質足
別稱：豬腳
稀有度 ★★★★
美味度 ★★★★

要燉湯還是選後蹄吧，這也就是人們常說的「豬腳」。肥嘟嘟的豬腳似乎總是寄託著美好憧憬。無論是台灣的豬腳麵線、廣東的豬腳薑，還是無錫的黃豆燉豬腳，常常用來祝壽、去霉運，以及給產婦滋補。軟爛飽滿的口感好像能給人天然的愉悅。

10. 豬尾

特點：皮多
別稱：皮打皮，節節香
稀有度 ★★★★★
美味度 ★★★★

用一個字形容豬尾，那就是「香」！以皮為主的豬尾作為滷菜，皮繃得緊，牙齒溜溜繞著骨頭劈一圈滋味盡數入喉，且越嚼越香，下酒最好。

顫抖吧！紅燒肉

文／沈嘉祿　插畫／突突

黃魚鯗配豬肉，超越偏見，衝破門戶，可以說是紅燒肉界的羅密歐與茱麗葉了。

一塊燒得恰到好處的紅燒肉上桌後，你拍一下桌子，它是會顫抖的。誠如袁枚在《隨園食單》裡對它的期待：「以爛到不見鋒稜，上口而精肉俱化為妙。」在化與不化的瞬間，只能顫抖。接下來，入口即化，無筋無渣，油脂在舌尖引爆，一股豬肉的本香裊裊升起之類的誇張字句，可以隨意添加在你的粉專裡，肯定能收穫讚聲一片。

後來，有些飯店在紅燒肉裡加百葉結，加蛋，自覺轉改。這也是對勤儉持家好家風的傳承，以前上海石庫門裡外婆燒的紅燒肉就是會根據季節變化加芋艿，加栗子，加慈姑，等等，紅燒肉有了食蔬的幫襯，就可以多吃幾頓了。紅燒肉加墨魚，可以稱之為「墨魚大烤」，本是寧幫大菜，是紅燒肉的5.0版。在我小時候，媽媽也經常做墨魚大烤，整隻墨魚，新鮮、厚實，散發著大海的味道，每隻有巴掌那麼長，不切塊，不切絲，七隻八隻，連頭帶鬚，

統統埋進砂鍋裡，與已經煮到半熟的豬肉一起慢慢煨。墨魚吸收了肉汁，無比豐腴，墨魚的纖維很清晰，可以撕成一條條來吃，有嚼勁，也很好玩。現在有些飯店也恢復了這道家常菜，但是墨魚高貴了，廚師一般將其切成小塊，吃客下箸時未免會產生沙裡淘金的沮喪感。再不濟的，就用墨魚仔來虛應故事啦。實事求是地說，那隱隱約約的大海氣息，也足以慰人。

更土豪的店家，紅燒肉加鮑魚！每人一只小砂鍋，一塊紅燒肉、一隻鮑魚、一頭刺參、一朵羊肚菌，下面襯一層晶瑩剔透的米飯。上桌後，服務生再給你刨幾片據稱來自義大利的黑松露，橡樹林的奇香如交響樂緩緩升起。此時此刻，發抖的不再是紅燒肉，而是買單的東道主了。

有一次，我在飯店裡吃到了黃魚鯗（音想，魚乾）燒肉！我的天啊，我當場叫起來，天地作證，即

使看到舊日情人我也不曾這樣激動過啊。那天我們吃到的黃魚鯗燒肉，論色相，也是濃油赤醬一路，有些失控，談不上十全十美，但那種古早味一下子喚醒了童年記憶。

話說 1970 年代末和 80 年代初，對中國人而言是一段特別溫馨的時光，在洶湧澎湃的大時代洪流中，不時會濺起屬於個人的感情浪花，有點甜蜜，有點緊張，有點惆悵，有點傷感，還免不了有點粗糙。特別是當春節來臨之際，大街小巷群情興奮，摩肩接踵，「十月裡，響春雷」的豪邁歌曲和大拍賣的吆喝混雜在一起，每個人的臉上書寫著解脫與企盼。

如果家裡有知青自遠方歸來，有親戚自故鄉進城探訪，年菜就可能體現鄉土氣和多元化的特色。比如我家祖籍紹興，在雞鴨魚肉之外，還有幾樣美味是必不可少的：一大砂鍋水筍燒肉，一大砂鍋梅乾菜燒肉，一大砂鍋黃魚鯗燒肉。這三大砂鍋年菜在小年夜燒好，置於窗台風口，讓砂鍋表面凝結起一層白花花的油脂，色澤悅目，腴香溫和。有大砂鍋墊底，節日期間有不速之客趕上吃飯的時間光臨寒舍，媽媽也不至於在鍋台邊急得團團轉了。

水筍燒肉和梅乾菜燒肉，久居上海的市民都吃過，不屬於本幫菜，卻比本幫菜更有滲透性。唯黃魚鯗燒肉不一定人人都有此口福，即使吃過一次也不一定有格外的關切。紹興靠近浙東沿海，以前大黃魚是尋常食材，一時吃不完，就要用古法醃製妥善保存。醃後並經曝曬成乾的大黃魚就是黃魚鯗，堪稱鹹魚中的極品。少鹽而味淡者，加工更須仔細，曬乾後表面會泛起一層薄霜樣的鹽花，被稱作「白鯗」，是黃魚鯗中的勞斯萊斯。

黃魚鯗燒肉，是紹興人從小吃慣了的「下飯」。魚與肉是中國美食中兩大陣營的統帥，素來井水不犯河水，但紹興人有大智慧，將兩大陣營一鍋燜。想來它們先是涇渭分明，驕矜自恃，但在柴火的作用下，從分歧到達成共識，從對抗走向聯合。故而黃魚鯗燒肉，吃口奇譎，鮮美無比，猶如羅密歐與茱麗葉的曠世奇戀，超越偏見，衝破門戶，你中有我，我中有你，最終融於一體。

黃魚鯗燒肉，對黃魚鯗的要求比較高，否則易腥，也有損於肉味。袁枚在《隨園食單》中也寫到了黃魚鯗：「台鯗好醜不一。出台州松門者為佳，肉軟而鮮肥。生時拆之，便可當作小菜，不必煮食也，用鮮肉同煨，須肉爛時放鯗，否則鯗消化不見矣，凍之即為鯗凍。紹興人法也。」

台鯗在中國地方菜譜中是老資格。鯗凍肉是黃魚鯗燒肉的冷凍處理狀態。而在袁枚那會，黃魚鯗是可以生食的。

周作人寄居京華時寫文章懷念故鄉風物：「我所覺得喜歡的還是那幾樣家常菜，這又多是從小

時候吃慣了的東西，醃菜筍乾湯，白鯗蝦米湯，乾菜肉，鯗凍肉，都是好的。」

「紹興人法也」的「鯗凍」，也是我家的招牌。媽媽從砂鍋中小心起出一大塊，切成小塊裝碟，膏體鮮紅如琥珀，配上一壺熱黃酒，鄉情十分感人。現在野生黃魚幾乎絕跡，人工養殖的黃魚肉質鬆軟，鮮味淡薄，做成鯗後味道大遜於前，這款鄉味就很難吃到了。

不過，人的適應性還是很強的。尤其是我們中國人，能為自己找到退而求其次的種種理由。近年來我也經常在淘寶上購買黃魚鯗，挑價格最貴的下單，心想你敢於開出這個價，應該不會差到哪裡去吧。買來燒過幾回，上好的五花肉切成一寸半見方的大塊，焯水後漂淨，肉皮朝下油煎定型，加黃酒、老抽、生抽、冰糖等調味，慢火煮至八成熟，

再下事先泡軟去鱗後切成大塊的黃魚鯗，由中火轉大火收汁，水陸兩種食材在同一時間抵達光輝的終點。執箸先嘗，豬肉中滲進了黃魚鯗的野性鮮味，黃魚鯗被豬肉的油肥所滋潤，我覺得與數十年前媽媽燒的味道已極為接近了，它大大地安慰了我的味蕾與胃袋，並讓我產生一種錯覺：整個魔都（上海）最好的黃魚鯗燒肉就出自沈府。

後來我還在朋友的會所裡燒過一次，豬肉、黃魚鯗，以及蔥薑、五年陳的古越龍山，都是我帶去的。小試牛刀，大獲全勝，等我端上桌後一個轉身去燒第二道拿手菜醬爆茄子時，已經被掃光了。記得我選的黑毛豬五花肉的肥膘足足有兩寸厚，豬皮的厚度也接近美國總統防彈轎車的外殼了。可見上海人對紅燒肉的熱愛程度令人嘆為觀止，而且是可以兼及黃魚鯗的。

最後容我再囉嗦一句，在萬惡的舊社會，紅燒肉是不上檯面的。不管你是本幫還是蘇幫、徽幫，只有拆燉、醬汁肉、櫻桃肉、松子醬方或者走油蹄膀等，家常一路的紅燒肉，拿到飯店裡去賺吃饕客的銀子，多半會引起老上海的哀嘆——「觚不觚，觚哉觚哉」。在《中國食經》之類的典籍中根本沒有紅燒肉的影子，前不久中國烹飪協會發布了340道「中國菜」，在上海十大名菜中也沒有紅燒肉的份。當然，好吃是硬道理。紅燒肉漂在江湖，混到濃油赤醬的段位，最後登堂入室，粉絲多多，且與日俱增，單憑它的勵志故事，我們就要加倍努力地熱愛。

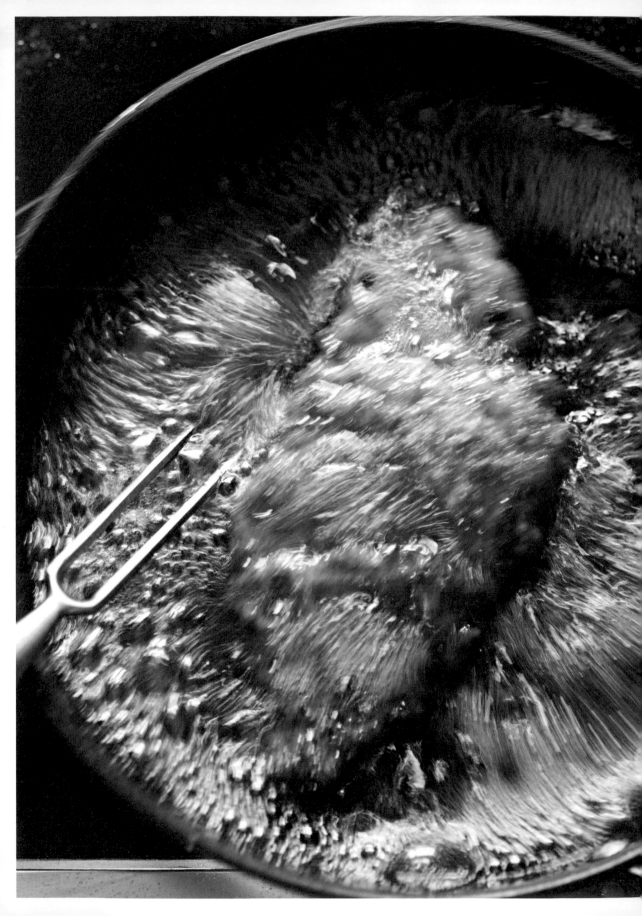

上海人的腔調，
都在這塊炸豬排裡

文／李舒、甘小棠　插畫／蔓蔓

時代浪潮席捲大街小巷，卻始終難以染指上海人家的廚房。每到傍晚時分，弄堂裡依舊會響起勤勤懇懇敲豬排的篤篤聲、煮羅宋湯的咕嚕聲，以及筷子攪打蛋黃的嗒嗒聲，幾十年如一日，直到地老天荒。

我的第一頓西餐，是叔叔帶著去的。

彼時，叔叔正在談戀愛，但似乎總不長久，過三兩週都有一個美美的新阿姨登場，奶奶一提起這件事，就唉聲嘆氣。然而，我卻很高興。因為，每換一個新阿姨，我就又可以去德大「搓」一頓了。

叔叔很喜歡在約會的時候帶著我，阿姨也很喜歡，彷彿這樣，他們的約會就變得純潔而純粹。叔叔會在出發之前跟我簽好保密協議，絕不在回去之後告訴爸媽約會的具體情況——其實他是白操心，因為只要一圍起雪白的餐巾，我就什麼都不關心了，腦子裡只有一個關鍵詞——炸豬排！

拍得蓬鬆柔軟的炸豬排，端上桌的時候好像還在嗞啦作響，一刀切下去，肉汁幾乎是迫不及待地要從麵包糠的咔吱咔吱中迸出來，這時候，只要一點辣醬油，啊！誰還管身旁的那對男女在說什麼！

那時的週末，實在太美好，咖啡上來時，我好像已經昏昏欲睡，坐在椅子上兀自打著瞌睡，心裡想著，待會見到了朋友，一定要炫耀一下，我去吃大餐了。

很久很久之後，我才會知道，其實，我吃到的是假西餐。

長三堂子裡的「西風東漸」

上海人的西餐教育，是從長三堂子開始的。上海開埠之後，洋場日漸繁盛，第一批西餐館是為了洋人的口味而登場的，據清人黃式權描述，當時的西餐「俱就火上烤熟，牛羊雞鴨之類，非酸辣即腥羶」，是正統的西洋口味。

雖然帶著「洋氣」、「時髦」的標籤，但並不

太符合大家的口味。於是，長三堂子裡，紅倌人們便用一種「西風東漸」的方式來迎合客人的口味。《海上花列傳》裡，身為么二的姐姐為了招待已經成為長三的妹妹，特意叫了四色點心。有趣的是，點心是「中西合璧」的，一客燒賣，一客蛋糕，算是中國特色。

隨著這種口味變化的，是一品香的應運而生。一品香開在書寓林立的四馬路上，無數名人喜歡在一品香請客，宋教仁遇刺前吃的最後一餐，愛因斯坦訪問上海的唯一一頓，都選在了一品香。《海上繁華夢·初集》第三回，描述了大家到一品香去吃飯的點菜細節：

> 幼安點的是鮑魚雞絲湯、炸板魚、冬菇鴨、法豬排，少牧點的是蝦仁湯、禾花雀、火腿蛋、芥辣雞飯，子靖點的是元蛤湯、醃鰳魚、鐵排雞、香蕉夾餅，戟三自己點的是洋蔥汁牛肉湯、腓利牛排、紅煨山雞、蝦仁粉餃，另外更點了一道點心，是西米布丁。

由這份菜單可知，一品香裡的菜式並不是純粹的西餐，而帶著一種濃濃的「中西合璧」風，這便是海派西餐的發端。

「海派」這個詞，褒貶參半，貶者釋之以「不正宗」，褒者對之以「兼容並蓄」，不過，上海人確實從一品香的成功當中發現了商機。1937 年前，上海的西菜館達到了 200 多家，尤以霞飛路和福州路最為集中。根據上海地方誌資料記載，1949 以前，有名的西餐廳有紅房子（當時叫羅威飯店）、德大西菜館、凱司令西菜社、蕾茜飯店、復興西菜

社和天鵝閣西菜館等。

1949 年後，這些西餐館紛紛關停，紅房子改名叫作紅旗飯店，賣的是雞毛菜和排骨湯，不過，菜單裡留下了一客神祕的「油拌馬鈴薯」，熟客們會對此心照不宣，這彷彿像一個潛伏者——它的本名是馬鈴薯沙拉。

哪怕在食物供應那麼匱乏和單調的特殊年代，上海人也從來沒有停止過對西餐的追求。炸豬排的麵包粉買不到，沒關係，用蘇打餅乾自己擀碎；沙拉醬沒有現成的，用沙拉油加了蛋黃自己打出來，飯後的咖啡不想省略，那就用只有淡淡甜焦味，沒有一點咖啡香的即溶咖啡塊。

於是，便有了這些你永遠不可能在國外找到的西餐。

維也納傳來的上海風炸豬排

上海炸豬排的前身，是一道久富盛名的西式菜餚——維也納酥炸小牛排 (Wiener Schnitzel)。炸牛排的做法頗為繁複：將嫩嫩的小牛肉切片，用肉錘仔細錘薄，調味後裹上麵粉、蛋液和麵包屑，黃油燒得滾燙，牛排滑入鍋裡，「嘩啦」一聲便炸得酥脆金黃，掐準火候夾起鍋來，還能保住牛肉軟嫩多汁的質地。當地人也會拿豬排或者雞排來炸，但唯有炸牛排有資格被冠以「Wiener Schnitzel」的名號。

維也納小牛排是何時傳入上海的，如今已不可考，但它由牛排到豬排的華麗變身，據說是在老派西餐館「紅房子」中完成的。

在物資匱乏的年代，豬肉比牛肉便宜得多，味

道也沒那麼腥羶，更適合上海人的口味。沒有鬆肉錘，廚師就用刀背細細將豬排拍鬆，正好也讓分量看起來足些，一塊尋常的豬肉，拍扁壓平後，面積能比盤子還大。炸豬排的黃油自然是換成了便宜的植物油，配菜也一概省去，只用幾滴辣醬油就夠鮮美了。最困難的那幾年，連麵包糠也難得，上海人就把蘇打餅乾碾碎了裹在豬排上，照樣能炸得酥香——反正，為了吃，永遠都有辦法可想。

辣醬油不是醬油

上海人吃炸豬排，一定要加辣醬油。

辣醬油其實不是醬油，它有個洋氣的本名，叫伍特斯醬汁。可是如今的英國辣醬油，早就跟黃牌辣醬油不是一個味道。它吃起來酸酸辣辣，出了上海就再難找到。

1933 年，梅林罐頭公司根據英國辣醬油的味道，自己調出了配方，成了國內最早生產辣醬油的廠商。1960 年，梅林把辣醬油的生產移交給泰康食品廠，這就是在上海家喻戶曉的泰康黃牌辣醬油的由來。

市面上一度傳言黃牌辣醬油要停產了，這引起了上海地區不小的騷動，離不開辣醬油的何止豬排啊，還有生煎饅頭、排骨年糕、乾炸帶魚——以及上海人的海派追求：有辣醬油，就有胃口。

還好停產只是虛驚一場。

| 炸豬排的最佳搭檔 |

在海派西餐裡，炸豬排的經典搭配，永遠是一碗羅宋湯。這兩道菜的祖先，一個來自奧地利，一個來自俄國，而它們居然能在上海人的安排下聯姻，也是一椿妙事。

民國時期的上海，居住著許多俄國人，也少不了各式俄國小餐館。上海的第一家西餐館「羅宋麵包房」就是俄國人開的，「羅宋」即俄羅斯「Russia」的音譯。當時，這些小餐館供應的並不是「羅宋湯」，而是紅菜湯。

俄國人用紅菜湯配黑麵包、豬油、伏特加，上海人用羅宋湯配炸豬排和馬鈴薯沙拉。紅菜湯以甜菜根和酸奶油為根本，味道酸而且重，上海人大多吃不消。更何況，甜菜根在上海鮮有種植，酸奶油也是稀罕物事，於是，上海人因地制宜，以番茄代替甜菜根，再用白砂糖模擬其甜味，加入捲心菜、洋蔥、馬鈴薯之類，照樣熬出濃稠赤紅的一鍋，雖然還帶著俄式紅菜湯的影子，但喝起來徹底是酸甜的本幫口味，這就成了我們所見的「羅宋湯」了。

紅菜湯的另一個標誌，是大塊燉得酥爛的牛肉，十足是戰鬥民族的粗獷風格。到了上海，牛肉自然也無法多放，只好用俄式紅腸代替。精明的上海主婦，還會把紅腸切成小條再煮，看起來分量多些。馬鈴薯便宜，可以多放幾塊，比較吃得飽。罐裝番茄醬則是羅宋湯的靈魂，不可吝嗇，往往要倒一兩罐下去，煸炒出紅油，那酸甜的濃度才符合要求。有些街邊小店會用番茄沙司來代替番茄醬，燒出來清湯寡水的一鍋，老上海人是看不上的。

畢竟，再怎麼節儉過日子，總有些不可退讓的原則，如同蕭索生活裡一點恆久閃亮的光芒。

甜燒白，一口吃成個胖子

文／項斯微　攝影／陳超

甜燒白也挺委屈的，沒有歸屬感，就像不知道自己是漢人還是契丹人的喬峰，在命運的車輪下被碾來碾去。

　　甜燒白活到今天這個歲數，想必是有點憋屈的。在現在這個崇尚健康飲食、肥肉即是犯罪的時代，它幾乎沒有了容身之處，就連對脂肪十分友好的生酮飲食也不待見它——畢竟，甜燒白集脂肪、糖以及澱粉於一身，既像是大葷又像是甜品，擺明了吃一口胖一斤。

　　關於甜燒白的傳說有很多，但我想，它的出身一定不怎麼好，多半是在那艱苦的年代，人人骨瘦如柴，許久不見葷腥，發明它的人才會如此喪心病狂，竟然能想出把豆沙夾進肥肉裡蒸來吃。有人傳說它源自古代蜀國。比較統一的認識是甜燒白屬於四川九大碗——九大碗是流行於四川鄉鎮的宴席，歷史上稱作「田席」，最早，是出現於田間的露天宴席，「三蒸九扣」，代表著川菜最初還不怎麼辣的樣子。

　　九大碗包括鑲碗、紅燒肉、薑汁雞、燴酥肉、粉蒸肉、鹹燒白、甜燒白等等。鹹燒白和甜燒白顯然是其中的一對情侶，都是以蒸製的五花肉為核心，最後倒扣在盤子上，只不過一鹹一甜，鹹燒白的精華是其中的芽菜，而甜燒白，我私以為是下面那浸潤了肥豬油和豆沙的糯米。

　　很多四川人，都擁有一個被甜燒白驚嚇過的童年。在四川人小時候，多半是跟著父母去鄉下吃宴席，才第一次在飯桌上見到這盤詭異的冒著熱氣的紅棕色大肥肉。第一印象多半是噁心，就和很多初次聽到甜燒白這種食物的外地人一樣，兩片肥肉夾著豆沙，不知到底是甜味的還是鹹味的，到底是葷菜還是甜食，怎麼可能吃得進去？這食物分明挑戰了孩童的認知系統，如平地驚雷，攪亂了一顆幼小的心。

　　這樣想來，甜燒白也挺委屈的，沒有歸屬感，就像不知道自己是漢人還是契丹人的喬峰，在命運

的車輪下被碾來碾去。

但事情總有峰迴路轉的時刻,尤其是在吃這一方面。

雖帶著驚恐,但孩童如我,其實已經被甜燒白激起了深深的好奇,雖然碗裡扒拉著蛋皮,戳著粉蒸肉,但眼睛時不時會瞟一下那肥到令人昏厥的甜燒白。而甜燒白就在那裡,不悲不喜,不來不去,不增不減,寂靜,歡喜,等著被愛——噢,等久了還是不行,等久了還是會減少的,會被其他凶猛的大人夾走。

於是,孩童被大人慫恿著先吃了一點點下面的糯米,發現味道還可以:「甜甜的有點像酒米飯(八寶飯)嘛。」緊接著,我們四川的爸爸媽媽就

> 甜燒白還有個更直白的名字,叫作「夾沙肉」。按照老的川菜菜譜,當使用「保肋肉」,即豬的中間帶皮五花肉包著肋骨的部分。

如同強迫孩子吃下第一口辣椒一樣,不容拒絕地夾起一塊甜燒白送到孩子的嘴裡,「就嘗一口!」他們希望自己的下一代不要錯過任何一樣美食的決心是感天動地的,「老子喜歡吃的,娃兒怎麼可能不喜歡!」於是乎,小娃兒撇著嘴皺著眉咬了一口,哇,居然還可以,肥肉吃起來一點都不噁心,讓人懂得了「入口即化」是什麼意思,用豬油炒過的豆沙香噴噴的,和肥肉還有糯米一起糊住了嘴

巴。這個時候大人往往會帶著欣喜的眼神,再傳授給你一個成語——「肥而不膩!肥而不膩!」這似乎是對肥肉最好的嘉獎,而一頓飯,也就此到了尾聲,畫上了一個油滋滋甜蜜蜜的尾聲,和田間的油菜花、鄉下的小狗,一起被收進了童年的回憶中去。

下次再遇見甜燒白,可能就要等到過年的時候,或者再去鄉下玩耍的時候了。

甜燒白還有個更直白的名字,叫作「夾沙肉」。按照老的川菜菜譜,當使用「保肋肉」,即豬的中間帶皮五花肉包著肋骨的部分。菜譜表示,不怕胖的也可以使用帶皮的淨肥肉。豆沙一定要自己炒。肉煮熟之後皮需要抹上醬油煎一下,再「將肉切成一寸五長、八分寬、二分厚的片子,切時第一刀不切斷,第二刀切斷,如此切成夾層片子」。夾入豆沙,四片一組,擺成卍字,再裝上酒米飯,一起蒸,最後倒扣在盤中。擺成卍字這個步驟還需要一點數學頭腦。因此過年過節時,一般也都是家中的老外婆才有閒心與智慧製作甜燒白這種菜色。

甜燒白的製作過程中,絕對不能忽視的是豬油和白糖。炒豆沙,做酒米飯都非豬油不可。白糖,不僅出現在豆沙和酒米飯中,最後甜燒白上桌前,也要在其面上撒上厚厚的一層白糖收尾。豬油和白糖,令多少追求健康的人士盡折腰。

現在,願意在家中製作甜燒白的四川人已經不多了。隨意打開那種做菜的 App,願意交甜燒白作業的已是少數。即便是走進成都的餐廳裡,能點到甜燒白的餐廳也不算多。畢竟甜燒白再好吃,一人一片也差不多了,得人多才敢點,所以注定了它

只能出現在宴席或者年夜飯中，或者是在農家樂昏天黑地打了一天麻將之後的晚餐中。

想起上一次吃甜燒白，是在一個四川朋友家中，她貴為健身人士，有馬甲線也有蜜桃臀，卻也有一口老式雙層蒸鍋，一層蒸鹹燒白，一層蒸甜燒白，大火一開，兩碗一起蒸好上桌，非常完美。菜過五味，我問她為什麼還有如此古老的蒸鍋，做著如此傳統的菜色，她說是蒸鍋和菜譜都是從她姥姥那裡繼承來的：「以前每年過年，婆婆（我們四川人的姥姥）都要做鹹燒白和甜燒白，特別麻煩，我就負責把豆沙夾到肉裡，很有儀式感的。」

「那現在呢？」

我問完之後氣氛突然有點傷感，她問我：「你聽過藍藍那首寫姥姥的詩歌嗎？姥姥，在你逝去的三十二年之後，你在我身體裡走路咳嗽歇息，你是我唯一的同齡人，你是我的小樹，我的夜空和夢。」

我說，你別念了，有點肉麻，這首詩我聽過，你難道是想說你姥姥在你的身體裡走路做飯歇息，是你的鹹燒白甜燒白，你的豬油和白糖嗎？

她白我一眼，想反駁點什麼，終究是沒有說話，默默又夾了一大塊夾沙肉給我，企圖讓我再胖上個一斤半斤。

一份完整的甜燒白，收尾很重要，從裡甜到外才是甜燒白的正義。

紅糖汁
濃稠的紅糖汁是進階版蘸碟。

白糖
一碟冒尖兒的白糖是吃甜燒白的安全感。

愛吃甜肉的人不會老

文／劉樹蕙　攝影／陳超　插畫／柚子沫

甜甜的肉是生命之光，吃下就能返老還童

家有爺爺，尤愛吃甜。

你很難想像一個一輩子當學校老師，年輕的時候讓學生罰站兩小時，時常將年輕的我爸打得皮開肉綻的老爺子，居然是甜食愛好者。

他一度將甜點藏在被窩裡，睡前一邊吃一邊看書，甜品的碎渣留在床頭，引來螞蟻樂得快活。這個習慣直接導致奶奶到了 80 歲還驚天動地和他吵過一次架，摔爛家裡百分之五十的物品，從此兩人開始了同屋不同床的分居生活。

奶奶氣急敗壞地找我哭訴：「他竟然偷吃我做給你第二天吃的糖醋里脊，吃完了！」

她拿來那本《資治通鑒》攤開在我面前，想讓我看見黏在上面的糖醋汁。我仔細瞧了瞧，又聞了聞，轉頭看著老爺子。

人家完全沒有做賊心虛的模樣，勤勤懇懇坐在窗下給老友寫信，然後哼哧哼哧騎著自行車去城裡寄信。我都能想見他上坡過橋時，從不下車推著自行車走的不服輸姿態，比年輕人還有勁兒！

這時候他心裡大概是想著：不吃下那碗糖醋肉，我怎麼有勁兒爬上這個坡兒！

糖醋里脊

糖醋里脊作為全國通用菜品，在每個省市都有它的一席之地。尤其是小孩子對它的酸甜口毫無抵抗力，從小學吃到大學，可謂是從小吃到老，吃完不怕老。做糖醋里脊的時候，要將里脊肉用雞蛋液、澱粉、麵粉裹上，放入五成熱的油鍋，炸至焦脆，再放入料酒、糖、醋、蔥薑蒜、澱粉勾成的芡汁翻炒。外焦裡嫩的口感，不管多老都能咬得動。

鳳梨咕咾肉

廣東的「咕咾肉」擁有極其可愛的名字，聽著就讓人咕嚕咕嚕流口水，吃的人自然不會變得「古老」。做的時候選用豬梅肉，放入生抽、黃酒、白胡椒、鹽和雞蛋液中醃製十分鐘。然後將肉的表面揉搓上麵粉備用，放入八成熱的油中炸至微黃。接著調製一杯用白醋、生抽、番茄醬、白砂糖、澱粉和水組成的酸甜汁，之後將炸好的肉、鳳梨、彩椒，還有酸甜汁一起翻炒，就大功告成了，黃黃的鳳梨、紅紅的辣椒、橙橙的肉粒，光是外貌就能勾起所有小孩的食欲。

鍋包肉

鍋包肉是東北菜之光，它大致分為黑龍江、遼寧、內蒙古三個流派，最廣為流傳的則是金燦燦的黑龍江鍋包肉。它和其他酸甜肉最大的不同是，在裹上澱粉的肉片中加入了蔥薑絲和香菜梗，然後逐片下鍋至七成熱的熱油裡，炸三分鐘，等到油溫八成時，再次下肉片復炸，接著加糖、醋、醬油、香油調勻翻炒。外酥裡嫩的鍋包肉，總是隔著十里路就能辨認出它的味道，那股酸到衝頭腦的醋味兒，可以瞬間打開想念它的閘門，讓你的口水流到老。

磨刀霍霍向豬頭

文／姜妍　插畫／古谷

殺豬菜，曾經是東北一年的期盼，沒吃過剛殺的豬，你就不知道豬肉還會那麼好吃。

年年寒風一吹，我就想起兒時的殺豬菜。

那時東北的春節，從殺豬開始。但殺豬這件事，絕不只存在於吃肉當天，關於殺豬的明爭暗鬥，早在第一片雪花落地時就開始了。

農閒開始，整個村裡大大小小男女老少，心裡只惦記一件事：今天豬肥了嗎？

把豬餵肥，是殺豬準備的第一件事，春夏秋三季，豬平時吃的不過是地瓜秧子、雞爪子、車軸轆之類的野草野菜，到了冬天，為了讓豬膘長得肥，就開始給豬猛餵馬鈴薯、地瓜、麥麩子，這樣豬就不會上竄下跳，安安靜靜、專心致志地在圈裡長肉長膘。

豬膘按指計算，一個指頭一指膘，一個巴掌是五指膘，到殺豬那天，誰家的豬肉膘肥，都在暗中較著勁，要是上了三指、四指，甚至五指，就跟自家兒子考了鎮裡第一一樣，至少能炫耀到明年開春。

越臨近年底，殺豬的氣氛越濃，大人們打招呼的方式也從「吃了嗎」，變成了「準備啥時候殺豬啊？」

正常來說，殺豬的日子會定在掃房之後，臘月二十五，或臘月二十六。殺豬前一天，總是又興奮又難過的，興奮的是明天就能吃到盼了一年的豬肉，難過的是就要跟養了一年的豬告別。為了收拾下水方便，殺豬前一天不能餵食，豬餓得大聲哼唧，但它不知道，明天等待它的，是比飢餓更可怕的事情。

殺豬是全村人的事情，殺豬當天，村裡房前院後，都自覺地來幫忙，男人幫著屠戶抓豬綁豬殺豬，女人們就忙活著燒水切菜燉肉。

殺豬要給豬一個痛快，一尺長的屠刀迅速從豬的咽喉捅入，隨即刀鋒一轉，等到豬不再掙扎，便拔出屠刀，流出的豬血絕對不能浪費，流到盆裡交給女人們去做灌腸。

不僅殺豬現場熱鬧，後廚的女人們也不閒著，左邊忙著把剛接來的豬血灌腸，右邊頭也不抬地猛切酸菜，即使切好的酸菜已經堆得半人高也不能停下，因為等待她們的，是全村的男女老少親朋好友。

殺豬是門技術活，不僅刀法有講究，煺毛也一樣，煺毛的水溫要剛剛好，冷了毛煺不掉，燙了肉就發緊，等到毛都刮乾淨，就要把這隻粉嫩光滑的大豬吊起來——啊，終於要開始分肉了。

豬脖頸肉最肥，切下來熬豬油，熬到最後剩下的「油滋了」，撒上鹽給心急的小孩們當零食；幾大盆豬血排隊等著灌血腸，灌好後就扔進大鍋裡和酸菜粉條一起燉；等到豬肉都拆分得差不多了，講究的人家就開始炒菜，熘豬肝熘肥腸，有時還有心肺作陪。幾大盆菜擺滿了桌子，大口的肥肉就著大碗的東北小燒酒，寒冬臘月數九天也像開了春一樣溫暖。

雖然按理說，豬身上所有的地方都能做殺豬菜，豬骨、內臟、肥膘……但養了一年的豬還是捨不得一天吃光，當家的女人總是會把部分豬肉，隨手埋在家門口的雪地裡，這樣，一直到過年的豬肉全家就都不用愁了。

殺豬菜，曾經是東北一年的期盼，沒吃過剛殺的豬，你就不知道豬肉還會那麼好吃。

冬天，是肉皮凍的季節

文／王琳　攝影／李佳鸞

一到過年，就是豬的主場，甚至連豬蹄子、豬皮都被安排得明明白白，肉皮凍，就是它們最終的歸宿。

肉皮凍是北方過年的信號，計量單位一定要按盆，皮凍一做，年就到了。

肉皮凍的主陣地一般在北方，尤其以北京、山東、東北地區最為繁榮。「官方說法」將肉皮凍歸為滿族人的發明，故事也符合食物傳說的常用套路，有一個大人物作為主角。

這次的主角是努爾哈赤，時間是在滿人進入北京之前，因為天冷，隨軍帶的大塊豬肉皆被凍住無法切割。眼看著努爾哈赤發火，負責兵馬司的莽古爾泰只好帶領伙夫把一大塊帶皮豬肉放在鍋內整塊煮熟，本意想讓士兵們喝湯，結果因為天冷，煮熟的湯成了肉凍，他也將錯就錯，把新菜式呈給努爾哈赤，自此，肉皮凍算是誕生了。

食物傳說不可考，但是「靠天吃飯」的肉皮凍來自北方一定是沒錯的。畢竟在發明冰箱之前，可不是所有地方的天氣都能做出一盆好皮凍。

肉皮凍分「清凍」和「混凍」兩種，東北的原始版肉皮凍屬於清凍，不加豆子、肉皮，材料用豬蹄或者豬皮，用清水熬製。熬製過程分為兩次，第一次需要3-4個小時，熬到湯黏稠就把肉湯倒出來，冷藏凝固後把上層的白油刮掉，再加入適量的水，下鍋進行第二次熬煮。熬製1個小時後將鍋中的豬蹄豬皮濾掉，只留下清湯。等再次成形，就是東北清凍了。清凍一般要搭配蒜末、醬油製成的蘸汁食用才算完整。

北京跟山東的肉皮凍，都是混凍。肉皮凍在北京名曰豆醬。豆字來源於豆醬中放的青豆、黃豆、豆乾粒、胡蘿蔔，而醬，則是因為在皮凍中加入了醬油、老抽，底湯成醬色，於是叫作豆醬。製作肉皮凍的過程也被稱作「打豆醬」。

而在山東，肉皮凍簡稱為肉凍，也是醬色版本，具體材料十分多樣，雞肉、黃豆、花生，各家有各家的味道。我們家的肉凍只用豬蹄，原因有二：一是我爸不愛吃豬皮，嫌豬皮沒什麼味道，豬蹄的皮更加軟糯，連著肉也香；其二是每逢過年，爸媽的單位就會分年貨豬蹄，乾脆統統拿來做肉凍。

小時候我媽的工作特別忙，紅燒肉沒時間慢燉，永遠是醬油湯煮肉，包子沒有時間發麵，永遠是死麵包子，但是唯獨肉凍，我媽一定會騰出時間燉到大半夜。一般情況下，做肉凍的時候饞蟲如我會守在廚房裡，美其名曰陪我媽，但實際上是為了吃滿三種做法的豬蹄。

第一口是原味豬蹄，我媽通常會先用清水將整隻豬蹄煮熟，再把豬蹄拆開，邊拆邊塞到「嗷嗷待哺」的我嘴裡；第二口是紅燒豬蹄，拆好的豬蹄會加入醬油、薑片重新回鍋慢燉，等到豬蹄再出鍋，吃到嘴裡的就是一碗有湯的紅燒豬蹄；至於第三口，就要等到第二天的午飯了，煮熟的肉凍被裝進一個超大鋁盆裡，放到陽台。經過寒氣的加持，第二天表面凝著一層豬油的肉凍就成形了。接下來這盆肉凍就會成為正月裡親戚朋友串門之時的救場菜，切盤上桌，是涼菜中的「硬菜」，誰家沒有肉凍總感覺一桌菜少了點氣場。

現在，肉凍早已經不是過年才吃，氣溫到位，有空閒也就做了。寫這篇文章的時候是在深秋，我跟我媽視訊確認食譜步驟，交代完步驟，我媽說：「天冷了，是該做肉凍了。」

如今，肉皮凍大概是冬天的信號了。

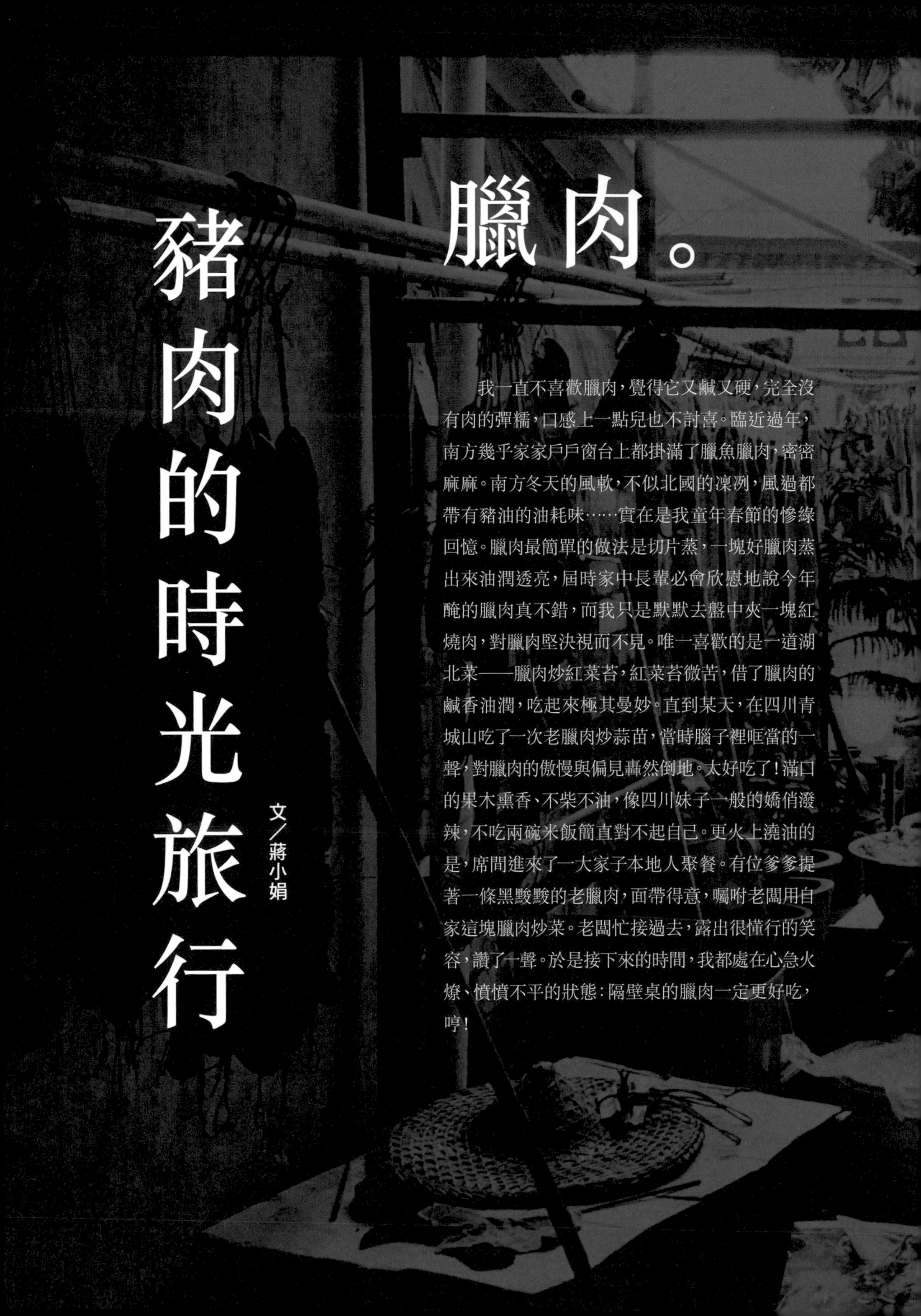

豬肉的時光旅行

文／蔣小娟

臘肉。

我一直不喜歡臘肉，覺得它又鹹又硬，完全沒有肉的彈糯，口感上一點兒也不討喜。臨近過年，南方幾乎家家戶戶窗台上都掛滿了臘魚臘肉，密密麻麻。南方冬天的風軟，不似北國的凜冽，風過都帶有豬油的油耗味……實在是我童年春節的慘綠回憶。臘肉最簡單的做法是切片蒸，一塊好臘肉蒸出來油潤透亮，屆時家中長輩必會欣慰地說今年醃的臘肉真不錯，而我只是默默去盤中夾一塊紅燒肉，對臘肉堅決視而不見。唯一喜歡的是一道湖北菜——臘肉炒紅菜苔，紅菜苔微苦，借了臘肉的鹹香油潤，吃起來極其曼妙。直到某天，在四川青城山吃了一次老臘肉炒蒜苗，當時腦子裡哐當的一聲，對臘肉的傲慢與偏見轟然倒地。太好吃了！滿口的果木熏香、不柴不油，像四川妹子一般的嬌俏潑辣，不吃兩碗米飯簡直對不起自己。更火上澆油的是，席間進來了一大家子本地人聚餐。有位爹爹提著一條黑黢黢的老臘肉，面帶得意，囑咐老闆用自家這塊臘肉炒菜。老闆忙接過去，露出很懂行的笑容，讚了一聲。於是接下來的時間，我都處在心急火燎、憤憤不平的狀態：隔壁桌的臘肉一定更好吃，哼！

廣式臘腸。

如果沒有廣式臘腸的話，該拿什麼來拯救煲仔飯？

每年秋風一起，粵港澳大灣區的人民就暗暗搓小手，等著最華美的臘味季。因為南國濕冷，寒氣入骨之際，大家對濃香型的食物就比較偏愛了。說到廣式臘味，最常見的是臘腸與潤腸。臘味鋪子的配方各有不同，多是自家幾代相傳的祕方。比如東莞臘腸多是三七肥瘦比，加山西汾酒調味，油脂入口即化，酒香四溢。而像香港的蛇王芬臘腸則瘦得多，瘦肉占到八成五。除了豬肉為餡的臘腸，豬肝做的潤腸也很受歡迎。臘腸的用料固然重要，腸衣亦是美味關鍵。腸衣的質素，決定了臘腸的口感。講究的臘味店一般會用一年甚至兩年的粉腸衣，因為陳年越久，腸衣越薄，做出來的臘腸，會特別脆口。最會吃的老饕只要一條臘腸一條潤腸，蒸好了，擺在白飯上，就是光輝奪目的一餐。

火腿。

火腿之美在於清淡。很神奇的，明明是豐腴肥美的豬腿肉，經過時間的潛移默化居然生出難得的清貴之氣。張恨水在《金粉世家》裡寫到民國豪門的夏天餐食：一碟雞絲拌王瓜、一碟白菜片炒冬筍、一碟蝦米炒豌豆苗、一大碗清燉火腿。大少爺看了分分鐘想掀桌，「這簡直做和尚了，全是這樣清淡的菜」。你沒看錯，這裡一大碗火腿是歸於清淡菜式的。書中還有一處閒筆，說金燕西生病沒有胃口，只能吃清粥小菜，廚房準備了一份拌鵝掌。資深老饕唐魯孫先生看了，不以為然，道鵝掌不好消化，大戶人家的廚子斷不會給病人做這道菜，而應該用雲腿拌薺菜這種清淡又有滋味的菜送粥。張恨水聽了也不以為然，覺得唐魯孫吹毛求疵。直到戰時去了重慶，得了瘧疾，食不下嚥，張恨水方才想起唐魯孫說的這道菜。做來一試，服氣了。

清（青）
醬肉。

　　問答網站「知乎」上有個非常傷感的問題：北京哪兒還吃得到清醬肉？答案為零，無人知曉。唐魯孫先生若仍在世，怕是要傷心難過。作為清醬肉的知己，老爺子曾經對它不惜溢美之詞：「據說清醬肉要一年半才算醃好出缸，絕無油頭氣味，火腿要蒸熟才能吃，清醬肉只要一出缸就可以切片上桌，真是柔曼殷紅，晶瑩凝玉。陳散原先生生前說過，火腿富貴氣太濃，倒是清醬肉清逸漉潤，宜飯宜粥。足證清醬肉是小吃中的雋品了。」

　　老北平的清醬肉以天盛號和寶華齋的最為出名，曾列席為民國時北平四大手信之一：清醬肉、口蘑、通州蜜棗和薰茶這「老四樣」。做清醬肉需要選用上好的豬後臀尖，抹上花椒粉和炒鹽，鹽醃、醬浸、風乾一步不能少。講究的，要至次年開春封存於缸，霜降前後再開缸食用。之前一直很好奇，什麼是清醬？後來看了端木蕻良的文章才知，民國之初還沒有醬油，只有一種青醬——其實就是醬缸裡豆醬上面那釀出的一層亮晶晶的油。

　　也難怪，青醬如今都很難尋了，清醬肉少見也不足為奇。

紅腸。

每個東北的孩子都會在家宴時吃到一盤跟油炸花生米擺在一起的切片紅腸。

品紅腸就像聞香水，吃上一口，香味分著層級向你襲來，讓你欲罷不能。煙薰味是前調，在吃之前就能聞到。燻烤的時候會消耗掉部分油脂，果木香也讓人感覺十分清爽，好的紅腸在燻過之後雖然顏色變深，但表面一點浮灰都沒有，用紙巾擦也不會染上任何顏色，吃的時候不要把表皮撕掉，帶著濃厚的山野氣，才是真正的紅腸味。肥肉香是中調，在你吃的每一口都能感覺得到。以前俄國老技師會要求在紅腸的任何部位一刀切下去，都必須看到不多不少一塊肥肉，如果不加肥肉，口感就會發乾。蒜味是後調，也是靈魂，在你吃完一整根腸之後，肉香混合著蒜香會在你嘴中遲遲不肯散去。這時你要知道，願意跟吃完紅腸的你說話的，一定是真愛。肉香則是基調，切面中無大氣孔，也無汁液，每咬一口，都會切切實實地感到肉香。哈爾濱紅腸並不是傳統的豬肉腸，是豬肉和牛肉的混合腸，肥肉香、蒜香、胡椒香，層次感十足。

肴肉。

提到鎮江，一般第一個想到的是香醋，但是對於肉食愛好者來說，鎮江之光必屬於肴肉，比金山寺還要金光燦燦。鎮江人早起就吃肉，「肴肉不當菜」，這種風氣甚至傳染到了江對面的揚州。鎮江的宴春酒樓和揚州的富春茶社所設早茶都有這道必點菜，有遙遙呼應之感，又有暗暗較勁之態。

肴肉又叫水晶蹄膀，有兩層：上層是約半寸厚的豬皮凍，下層是半紅半白、以蹄膀肉和豬皮熬至起膠的肴肉凍。好的肴肉既油潤，又有嚼勁。做肴肉，必用硝水，所以也稱作硝肉。豬蹄膀作為食材，經精鹽和硝水醃製，春秋兩季要醃 3-4 天，冬天則要一週左右，之後再輔以花椒、八角、蔥段、薑片、紹酒燉煮，是一道頗為費時費力的菜。不過吃起來就方便了，冷切成厚厚的大塊，只需一碟香醋薑絲便足夠襯托它的味道。一碟肴肉，一壺香茶，便是江南版的大塊吃肉，大口喝酒了。

永遠測不準的午餐肉

文／T　攝影／姜妍

午餐肉就是肉類裡的薛丁格的貓。永遠測不準，永遠好吃。

誰吃午餐肉不開心呢？

這麼一大塊肉，又沒有筋，也沒有骨，是人造的一種特殊口感，多麼巧奪天工。

午餐肉看起來非常的光滑，平整。我最喜歡的就是撕開金屬的頂部蓋片，敲罐子底，讓長方形整整齊齊的一塊落在砧板上的感覺。造物主從來不造出直線，但午餐肉又偏偏是方正的。一種食物，將自然的味道和人工的形狀融為一體，仔細想想多好玩。

你以為它只是一塊午餐肉，但放入火鍋裡它又能吸收牛油和辣椒的味道，變成另外一種食物。太陽一直是太陽，但西下的太陽為什麼那麼多人愛看，因為落日像午餐肉掉進鍋裡，吸收海洋的氣息，變成了另外一種介質。

介質，這個詞很適合午餐肉。

它既是過程，也是結果，既是吸收，又是釋放，有大一的不諳世事，也有大四的老練油條。午餐肉的外形很容易被搓扁揉圓，更厲害的是，它的味道也很容易被「搓扁揉圓」，不能用任何一種味道來規範它，它是一個通道，那鮮香彈滑的肉體，是由無窮的不確定組成的。

當你回憶一種午餐肉的時候，這種午餐肉的味道已經被你的記憶改變了。這麼來說，午餐肉就是肉類裡的薛丁格的貓。永遠測不準，永遠好吃。

午餐肉界神農氏阿駘

阿駘，東北中年宅男，過氣網紅，不入流段子手，業餘插畫作家。現蝸居在家做「家庭主夫」，每日讀書畫畫，掌勺鑽研食譜，有志轉型為美食部落客。

Q：你什麼時候開始對品評午餐肉著迷？

A：大約是兩年前，在網上看到一個宅男關於午餐肉點評的完全手冊，於是想起自己的宅男經歷，覺得對方吃過的品牌不是很多，而且評介方式也很不公允，比如將一個品牌的高級火腿午餐肉與另一個品牌的涮鍋版午餐肉進行對比，很有點田忌賽馬的感覺。於是就在微博上按照自己感受，寫了一些午餐肉的點評，沒想到得到不少人的認可。之後我每品嘗一種午餐肉，都會寫一則點評。粉絲們開玩笑說我是午餐肉達人，我也就自嘲般地認領了。

Q：評價午餐肉時你看重哪些特質？

A：主要是兩點：一是含肉量，二是開罐即食的味道。儘管高明的調味可以讓一罐午餐肉瞬間脫穎而出，但是含肉量的多寡，才是午餐肉作為肉食是否美味的根本。從午餐肉誕生那天起，就主打快捷冷食這一特點，所以真正的優質午餐肉是不需要油煎炭烤來提升香味的。一碗新蒸的白米飯配合冷吃的眉州東坡或賓士佳這樣的午餐肉，味道可以秒殺很多油炸才可入口的午餐肉。

Q：午餐肉，你的主要吃法是什麼？

A：個人最喜歡捲薄餅吃，因為本著營養均衡和口味的原則，捲餅時可以同時加上一些青菜。另外我也喜歡直接吃。直接吃是最能體現一個午餐肉品牌的製作水準。

Q：好的和差的午餐肉的三條標準？

A：好的午餐肉含瘦肉量高，調味鮮香，冷吃與煎烤各有特色。差的午餐肉鹹而油膩，澱粉與雞肉含量較高，調味差。

Q：家人有沒有為你吃這麼多午餐肉而擔心過？

A：其實，我並不像外人想像的那樣吃了很多很多罐頭食品，不少品牌我只吃上一兩回就放棄了。最喜歡的那麼幾個品牌也只是偶爾吃。而且在我的影響下，家人對罐頭其實更挑剔了，只吃優質和味道最好的。我也只是在發現新品牌的時候才會不管三七二十一地買來試吃一下。

Q：哪幾家午餐肉是好吃的？

A：眉州東坡午餐肉、賓士佳傳統老味道、長城小白豬、梅林金罐、德和經典雲腿、小豬呵呵，這六款午餐肉我一直深愛不變，我很期望有更多優質的國產午餐肉加入我的心儀行列。 至於國外，美國的世棒清淡版、西班牙的高雲黑毛豬，還有韓國的清淨園高鈣，這三種是我比較喜歡的。

Q：你吃過多少種午餐肉？

A：基本上國內的品牌都吃遍了，只要網上見到並能買到的，基本都會買來試吃一下，加上一些進口品牌，大約吃過 40 多個品牌了。每個品牌本身還有多種檔次和口味的不同款，具體已經記不清了。有些較差的品牌，只會吃兩次，第一次給差評，第二次是為了再次確定自己的味蕾有沒有問題。

Q：午餐肉的長保鮮期值得擔心嗎？

A：很久以前擔心過，比如民間關於防腐劑的說法，但後來隨著資訊的發達，外加認識了一些食品加工企業的朋友，才知道這是個誤會。罐頭之所以能夠長期保存而不變質，完全得益於密封的容器和嚴格的殺菌，根本不需要加什麼防腐劑。我記得以前看資料，在低溫乾燥的倉庫裡，許多罐頭都超過正常保鮮期數倍時間，依然可食用。當然，出於口味考慮，罐頭食品也是越新鮮越好。至於所謂過多食用罐頭食品的缺點，主要集中在含鹽量高上，也許是低鹽肉食都不夠鮮香吧？其實吃過國外大品牌午餐肉後就會發現，無論是世棒還是三花，比國產很多品牌都鹹。所以罐頭食品可以放心吃，但是不能連續吃，畢竟白開水喝多了也會影響健康的，對不對？

Q：你去國外旅遊會吃午餐肉嗎？

A：肯定會啊，國內能買到的進口午餐肉種類太少了。如果將來有條件了，一定要遍嘗天下，到時候請稱呼我為「午餐肉界的神農氏」。

Q：除了午餐肉你還喜歡吃什麼熟製肉製品？

A：我是無肉不歡的那種人，各類肉食都會吃一點。如果你所說的「熟製肉製品」不把我媽媽做的醬牛肉和鍋包肉算在內，我想大概就是機製肉類熟食吧，那麼除了肉罐頭，小時候特別喜歡廣式的甜口臘腸，後來大概是吃太多，吃膩了。現在反倒對四川臘腸更感興趣，特別是微辣的那種。東北有種秋林風乾腸不知道你們吃沒吃過，我也很喜歡。

阿駝最愛的午餐肉測評
(1－5星，5星為最高)

西班牙高雲黑毛豬

調味： 肉香很濃。
含瘦肉量： ★★★
冷吃適合度： 80%
綜合成績： ★★★★

美國世棒清淡版

調味： 比較符合國人口味的一款世棒。
含瘦肉量： ★★
冷吃適合度： 75%
綜合成績： ★★★

眉州東坡

調味： 香料運用得當，開罐飄香就是最好的註解。
含瘦肉量： ★★★
冷吃適合度： 100%
綜合成績： ★★★★
特別評語： 涮鍋如果稱第二，那便無人敢稱第一。

韓國清淨園高鈣

調味： 個人認為是進口午餐肉裡調味最好的。
含瘦肉量： ★★
冷吃適合度： 90%
綜合成績： ★★★★

憶吃羊歲月

文／王琳

中國人吃豬之前，羊肉才是肉食界的扛霸子，擁有大批皇室粉絲。在宋朝，豬肉的消費甚至不及羊肉的零頭。即便現在退居二線，羊依舊貴族氣質不減，留下的吃法都是精華。

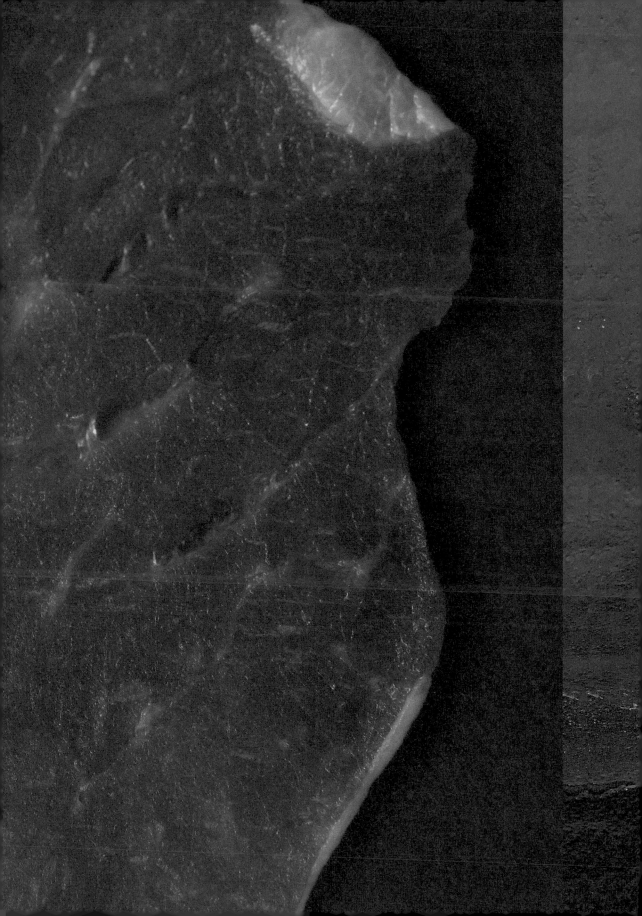

五千年吃羊大事記

文／黃盡穗

吃羊不是小事，羊脂羊膏中藏著中國歷史的密碼。

承認自己愛吃羊肉，有時是需要一點勇氣的。

畢竟它太香烈，太鮮濃，太富於世俗的肉欲了。牛肉正氣凜然，豬肉馴服溫順，唯有羊肉氣勢洶洶，帶著一身來自草原的腥羶，火烤或爆炒、孜然或薑蔥都殺它不淨，入口從觸感到氣息，都在鮮明敞亮地提醒你：我是肉！羊肉！

所以在很久很久以前的中國，羊肉並不那麼受漢人青睞。它屬於遼闊的西域，屬於長風冽冽的草原，是粗獷豪爽的「胡人」最愛。南朝的王肅投奔北魏，起先不吃羊肉不喝奶酪，仍依著南方的習慣，吃魚羹、喝茗茶，待了幾年之後才漸漸入鄉隨俗。有一次，他在殿會上吃了不少羊肉，孝文帝見了還覺得奇怪，問他：「羊肉和魚羹比起來怎麼樣？」王肅答得很聰明：「羊者是陸產之最，魚者乃水族之長，所好不同，並各稱珍。」兩邊都不得罪。

唐代胡風漸盛，羊肉才跟著流行開來。韋巨源宴請唐中宗的「燒尾宴」上，有「羊皮花絲」（拌羊肚絲），有魚羊混製的「逡巡醬」，還有三百條羊舌與鹿舌烤成的「升平炙」。據《唐語林》記載，當時富人們飲宴，要吃一種叫「古樓子」的菜式，將一斤羊肉剁成餡，夾在胡餅之間，用花椒、豆豉調味，入爐烘烤得吱吱冒油——碳水化合物與動物脂肪結合的精妙之處，古人很早就懂。

我沒有想到，崇儒尚文的宋朝人，居然也愛吃羊。呂大防曾經向宋哲宗講述祖宗家法：「飲食不貴異味，御廚止用羊肉。」（《清波雜誌》卷一）畢竟耕牛珍貴，牛肉輕易不能吃，而豬肉又是上不了檯面的平民食物，皇室每天吃來吃去，幾乎都是羊肉。

北宋建立後不久，吳越國王錢弘俶入汴京朝拜，宋太祖讓御廚準備南方菜餚招待。但廚房裡常備的肉類只有羊肉，御廚倉促間只好「取肥羊肉為醢」，把羊肉醃成肉醬，稱為「旋鮓」，效果竟然很好，賓主盡歡，這道菜後來在皇室宴席上的出鏡

率也頗高。

最喜歡吃羊肉的,該是宋仁宗。他在位時,宮中一天要宰280隻羊,一年下來就是十萬多隻,數量可謂驚人。他曾有一晚想吃烤羊肉,但害怕此例一開,將來宮裡夜夜都要殺一隻羊以備供應,於是活生生忍了一夜,覺都沒有睡好。

堂堂一國之君,饞起夜宵來,想念的不是精巧的「羊頭簽」、「羊舌簽」,也不是考究的「酒煎羊」,居然是粗放敦實、真刀真槍的烤羊。大口撕下烤得焦脆的邊緣,迎接不加修飾的肉香和盈盈泛光的肉汁,最好再配一壺自斟自飲的酒——唉,我相信這位皇帝一定跟我一樣,對羊肉有一種純正的、返璞歸真的愛戀。

但皇室天天吃的羊肉,平民百姓卻只能偶爾嘗鮮。蘇東坡被貶惠州時,當地市集上每天只殺一隻羊,羊肉供給官家,他只好買點羊脊骨(也即羊蠍子)來解饞。羊脊骨拿回家,先煮熟,再瀝乾,泡點米酒,撒些鹽,烤到微焦,慢慢剔出肉來,絲絲縷縷地嚼。他形容這體驗「如食蟹螯」,想想也很讓人神往。

蘇東坡大概料想不到,南宋以降,讀書人都在努力背誦他的文章,以期有朝一日能吃上羊肉。當時文人之間流傳著一句俗語:「蘇文熟,吃羊肉。蘇文生,吃菜羹。」(陸游《老學庵筆記》卷八)在科舉考試中,追摹蘇東坡文風才有可能中舉,進而步入仕途賺大錢。畢竟那時說平民百姓,就連普通官員也幾乎買不起羊肉。宋室南遷之後,羊肉供應減少,幾斤茶葉才能跟遼人換到一隻羊。當時蘇州的羊肉,一斤可以賣到九百錢,而一整頭豬的價格,也不過千餘錢而已。蘇州官員高公泗吃不上羊肉,只好作打油詩自嘲:「平江九百一斤羊,俸薄如何敢買嘗?只把魚蝦供兩膳,肚皮今作小池塘。」

愛吃羊肉的人,應該投生去元代。眾所周知,涮羊肉為忽必烈發明,手下跟著他是能吃到涮羊肉的,而平民百姓呢,最不濟也有羊雜碎可以吃。山西人的「羊雜割」,據說就起源於元代。把便宜的羊頭、羊蹄、腸、肚、心、肝、肺等等,洗淨後加

中國古代吃羊史	周朝	漢朝	北魏
	代言人:周天子	代言人:漢武帝	代言人:孝文帝
	代表菜:炮牂(燉羔羊)	代表菜:羊肉灌腸	代表菜:胡炮肉
	商周時期,羊作為吉祥意象的代表頻繁出現在祭祀禮上,飼養量因而大增。當時的周天子每日膳食中必有羊肉,不過這羊肉只有貴族階層才能享用。	漢武帝反擊匈奴勝利之後,匈奴的馬牛羊絡繹入塞,加上水草豐茂的河西歸入西漢版圖,養羊業的發展迅速進入高潮,羊肉逐漸進入了百姓的生活。	北魏孝文帝遷都洛陽實行漢化,遊牧民族為洛陽帶來了獨有的羊肉飲食,兩種民族文化相互碰撞磨合,中原地區的人們這才開始逐漸接受羊肉。

香料煮至軟透，湯色翻滾成油潤的奶白，把羊兒畢生積攢的鮮美都濃縮進去，燙燙地喝一口，就從舌尖一路暖進了胃裡。

羊雜割再精練一些的版本，便是羊肚湯。《竇娥冤》裡，張驢兒往蔡婆婆要喝的羊肚湯裡下毒藥，沒想到卻被自己的父親張老兒喝去，毒錯了人。嘗過羊肚湯的人都明白，張老兒難怪要死，畢竟燉到酥軟的羊肚，那鮮濃滋味，尋常人實在抗拒不得。

另一個羊肉的盛世，當然是清朝。從康熙、乾隆到慈禧太后，都是羊肉火鍋的忠實愛好者。招待貴客，還有規模僅次於滿漢全席的「全羊席」，從羊頭到羊尾十幾個部位，動用炒、熘、炸、爆、煎、燒、醬、凍、燻等種種手段，演繹出幾十上百種菜品。羊鼻尖叫「採靈芝」，鼻脆骨叫「明魚骨」，上下眼皮叫「明開夜合」，甚至連羊耳的耳尖、耳中、耳根，都能各自成菜。把一隻羊吃乾抹淨，這大概是我見過最繁複的方式了。

比起其他幾任皇帝，雍正在飲食方面似乎沒有太多嗜好，但我知道他一定也愛羊肉。他曾經給年羹堯寫過一道朱筆密諭，說：「寧夏出一種羊羔酒，當年有人進過，有二十年停其不進了。朕甚愛飲他，尋些來，不必多進，不足用時再發旨意，不要過百瓶。」這羊羔酒出自寧夏靈州（今靈武），真真切切是羊肉做成的酒。每年冬春季，取出生不久的肥美羊羔肉，配上枸杞、長棗等寧夏特產，經過複雜的蒸煮、發酵工藝，歷經三個多月製成。至於具體配方和做法，則是當地釀酒家族代代相傳的祕密。

我沒有喝過羊羔酒，不知道讓雍正心心念念、密旨尋求的究竟是怎樣一種味道，只聽說這酒色呈琥珀，入口柔潤綿甘。但我很佩服第一個想到拿羊肉釀酒的人，羊肉辛烈，酒也辛烈，釀酒人卻能讓它們互相廝殺鎮壓，挫掉銳氣，再交由時間細細打磨，最終留下一抹骨醉脂香的魂魄，在某個暮冬的夜晚悄然啟封。

你看，畢竟還是中國人，才能把桀驁不馴的羊肉，也吃得這樣溫柔。

唐朝
代言人：唐中宗
代表菜：羊皮花絲

唐朝胡風盛行，胡人以羊肉為主的飲食自然也成為風潮。不僅盛行羊肉麵點，就連韋巨源宴請唐中宗的「燒尾宴」上，羊肉製成的菜餚也是主角。

宋朝
代言人：蘇東坡
代表菜：羊蠍子

宋代是歷代以來食羊風尚的頂峰。不單皇室喜愛，都城東京肉販每日殺羊動輒百數。蘇東坡被貶惠州時，買不到羊肉，也情願買些「羊蠍子」解饞。

元朝
代言人：忽必烈
代表菜：涮羊肉

蒙古涮肉始於元朝，傳說是忽必烈在行征途中想念草原美食，因為打仗時間緊迫，伙夫急中生智，將羊肉切薄片涮熟，立刻就吃，從此這種鮮美快速的吃法就流傳了下來。

清朝
代言人：袁枚
代表菜：全羊席

清朝是另一個羊肉的盛世，但較宋朝更為精細。其中的代表就是袁枚在《隨園菜單》中寫下的全羊席「一盤一碗，雖全是羊肉，而味各不同」。

中國名羊地圖

文／福桃編輯部　插畫／Tiugin、喔哦噢嗚少年

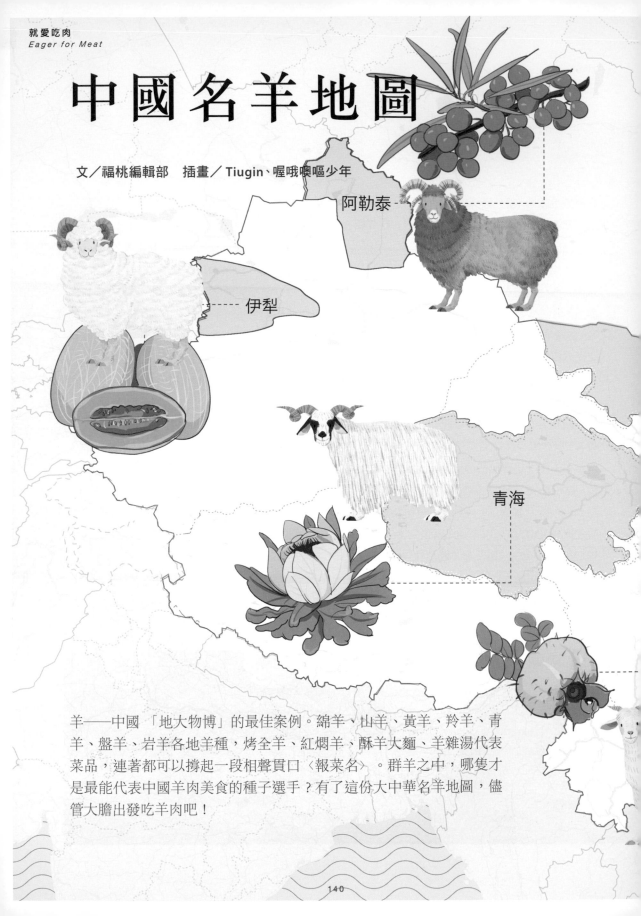

阿勒泰

伊犁

青海

羊——中國「地大物博」的最佳案例。綿羊、山羊、黃羊、羚羊、青羊、盤羊、岩羊各地羊種，烤全羊、紅燜羊、酥羊大麵、羊雜湯代表菜品，連著都可以撐起一段相聲貫口〈報菜名〉。群羊之中，哪隻才是最能代表中國羊肉美食的種子選手？有了這份大中華名羊地圖，儘管大膽出發吃羊肉吧！

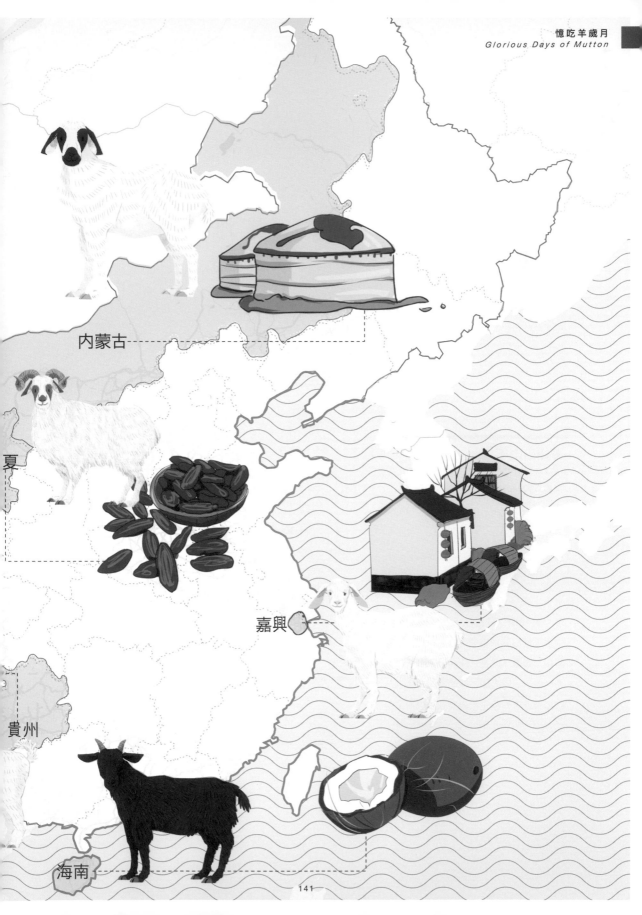

內蒙古

夏

貴州

嘉興

海南

貴 州 白 山 羊

貴州白山羊

祖籍：貴州東北部

種類：山羊

長相：白色短毛、有角向外

口感：肉質細嫩，脂肪分布均勻

代表菜：貴州羊肉粉

米粉上那一層薄薄的羊肉片，是煮
熟之後壓塊切成的，很是入味。湯
中澆上鮮紅的辣椒油，撒上花椒粉、
蒜苗、香蔥、芫荽，連粉帶湯暴風吸
入一大碗，頭上起一層密密的細汗，
這才算吃了一碗正宗的貴州羊肉粉。

唐古拉藏羊

唐古拉藏羊

祖籍:青海海西州

種類:綿羊

長相:體格高大、扭旋外角

口感:肉嫩味美,膻味小

代表菜:炕鍋羊排

青海的手抓羊肉很有名,但炕鍋羊排更具特色。掀開鍋蓋的那個瞬間,羊肉的肉香混著孜然和馬鈴薯的焦香充斥鼻腔,單是這樣就已經讓人覺得值回票價了。羊排外層焦脆,內裡卻依舊滑嫩,軟軟的馬鈴薯又帶著一點羊肉滋味,相得益彰。吃到半時,來上一杯杏皮水解膩,愜意人生不過如此啊。

東山羊

東山羊

祖籍:海南東山

種類:山羊

長相:全身烏黑發亮,有角

口感:皮嫩肉厚,無膻味

代表菜:紅燜東山羊

在東山吃紅燜羊肉,順帶點上一碟東山烙餅的人會被老闆高看一眼。在你飽嘗軟爛的羊肉滋味,膠質混著湯汁交織唇間,張不開口時,咬上一口外酥內軟的東山烙餅,清新的小麥香氣就能瞬間化解此時的油膩。你也可以把烙餅沾足湯汁,這又是完全不同的滋味了。

湖羊

湖羊

祖籍：浙江嘉興

種類：綿羊

長相：毛白無角、耳大下垂

口感：鮮活不羶

代表菜：酥羊大麵

大塊羊肉被蘇草紮成一捆，加上不去皮
的甘蔗，用醬油、白糖、味精及去腥味
的作料，放在瓦缸中燜煮。麵條與羊肉
用兩個藍邊碗單獨盛上桌來，吃的時候
再用筷子把羊肉夾到麵裡。燜過的羊肉
就一個「酥」字，用筷子輕輕一撥就能
分開，和麵拌著一起，再不管別的，大
口地吃吧。

新疆細毛羊

新疆細毛羊

祖籍：新疆伊犁

種類：綿羊

長相：體軀深長、有螺旋大角

口感：纖維少、細嫩多汁

代表菜：紅柳烤串

紅柳烤串除了肉塊碩大，吃起來十分豪
邁過癮之外，有了紅柳的加持，新疆人
甚至可以不用孜然、辣椒粉壯膽，只用
一點鹽清烤，可見其對紅柳烤串信心十
足。烤化了的羊油和羊肉混合出鮮甜的
滋味，配上紅柳枝又給羊肉帶來了一種
類似堅果的煙燻香氣。

阿勒泰羊

祖籍：新疆福海

種類：綿羊

長相：棕紅色毛髮、方圓形脂臀

口感：肉嫩鮮香、清甜

代表菜：羊肉燜餅子

燜餅子的訣竅，是在羊肉快燒好時，迅速蓋上一張張紙薄的餅子，燜至麵皮發筋。用手撕開餅子時，能感受到餅的韌性。起鍋之後，羊肉筋道有味，不顯油膩，上層餅子軟而不黏，下層餅子吸收了羊肉的湯汁，它才是羊肉燜餅的主角！

阿勒泰羊

鹽池灘羊

鹽池灘羊

祖籍：寧夏鹽池

種類：綿羊

長相：鼻梁隆起、角螺旋向外

口感：無腥味、自然清香

代表菜：清燉羊肉

清燉羊肉的湯是比羊肉更美味的存在。寧夏人多會放一些本地的枸杞和白蘿蔔同煮，肉色白嫩、湯色清亮，不帶一點腥臊。迎風的寒冬在路邊小攤喝上一碗，感覺自己也能唱上一首〈信天游〉。

烏珠穆沁羊
——天下第一羊

烏珠穆沁羊

祖籍：內蒙古自治區錫林郭勒盟

種類：綿羊

長相：黑色頭頸、白色身子

口感：肉質細嫩，羶味最小

代表菜：小肥羊火鍋

涮羊肉主要還是吃肉，清水做鍋底，只是多了幾片鮮薑和大蔥。就像廣西人不覺得螺螄粉臭，內蒙古人也不知道什麼叫羊肉羶。水沸即下，變色即出，好羊肉空口吃都自帶一股子清甜，可以蘸韭菜花，也有人會蘸酸奶，這樣的搭配也只會出現在草原上了。

南北緯 45 度
生活著全世界最好的羊

文／劉樹蕙

從出生起，烏珠穆沁羊就立志做一隻有理想有追求瀟灑走天下的羊，因此牠過上了幸福的草原生活，吃著鮮花啃著草藥，心無旁騖地養生。

全世界最好的羊在哪裡？

幾千年來，吃羊人民都在苦苦尋覓羊的巔峰應該出自何處。

西域高原的羊，在寒冷地帶練出一身長羊毛，更適合穿在身上。南方的山羊勤勤懇懇登山爬坡，能攀岩九十度垂直的懸崖，可惜肉質太羶太緊，只有帶皮加糖紅燒方能凸顯它的美味。

而在南北緯 45 度，這片被稱為「黃金草原帶」的地方，生活著一群讓人都豔羨的烏珠穆沁羊，它們每日餐英食露，看著蒼茫大地上的日升月落，和其他羊咩咩一起吃喝玩樂，談羊生哲理，順便談戀愛。每一隻羊都享有 6 個足球場面積的草原，每一天都隨意奔跑，隨處安家。

再看看生活在城市裡吸著霧霾、拚命工作、每天通勤三小時被擠成沙丁魚罐頭的人類！真是太可憐了！於是，每一個從內蒙古回來的外地人，都對此表示豔羨不已，他們想留下來和這些小肥羊一起生活，劈柴餵羊，瀟灑春秋。

而每一個離開家鄉的內蒙古人，也對烏珠穆沁羊充滿

我的家
在錫林郭勒大草原
一日三餐吃花吃草
喝泉水
這麼可愛的我
你捨得吃嗎？

了思念，不僅僅是出於對那片廣袤土地的愛戀，還因為他們有一種習慣，出了內蒙古，就不再吃羊，這是全世界最好吃的羊，舉世無雙。

烏珠穆沁羊，就這樣被給予了厚望和崇高的地位——「天下第一羊」。

其實在幾百年前，牠的身分就已經十分尊貴。根據《馬可·波羅遊記》和《元史》記載，元朝初期，錫林郭勒草原就被單拎出來作為皇家御用草場，並且他們在不知道吃了多少種羊後，竟然有目的性地相中了這種黑頭白身渾身上下都是肉的綿羊，進行專門培育，用作祭祀天地和祖先。

如今，牠還成為中東皇室貴族的特供。每年，都會有幾萬隻烏珠穆沁羊從內蒙古坐車去秦皇島，再從秦皇島坐船去約旦。

因為從牠出生起，就是一隻有理想的羊。不願受束縛，基因裡帶著「散養」的性子。

歷代都在錫林浩特放牧的羊倌無奈地說：「即使在攝氏零下 40 度的嚴冬裡，也只能放牧，不能圈養，牠們可聰明了，能扒開雪吃草。」

烏珠穆沁羊的血液裡似乎流淌著與忽必烈相似的血液，終生在草原上遊蕩，它們一天能走 15 至 20 公里，走到哪兒吃到哪兒，所以身體鍛鍊得十分結實，你從肉的大理石紋理上就能看出來，紋路緊湊，肥瘦搭配均勻。如果烏珠穆沁羊參加羊界的選美大賽，一定是讓人羨慕的健身冠軍。這時別的羊若是問起烏珠穆沁羊吃的是什麼健身餐，牠們會放眼望向那無盡的草原，再回頭看看腳下的草地，低沉著聲音說：哪有什麼健身餐和獨特的養生祕訣，自己挑剔一點，就夠了。

烏珠穆沁羊就是這樣一種既矯情又挑剔的羊，對於一日三餐，心中自有計較，牧民備下的乾草是多餘的，牠們只挑草原上的新鮮草吃，有花就先吃鮮花，然後吃沙蔥，吃蘑菇，吃蕨菜，就連喝水都只喝活水……錫林郭勒草原上的種子植物 658 種，苔蘚植物 73 種，大型真菌 46 種，藥用植物 426 種，都是牠們的盤中餐。

經過常年進食草藥後，烏珠穆沁羊自己便

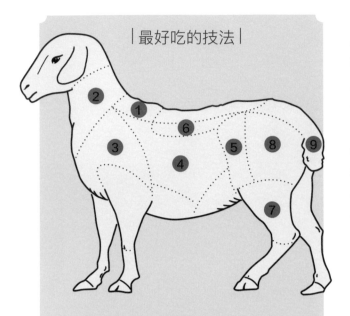

| 最好吃的技法 |

1. **上腦**：位於後頸的脊骨兩側位置，肋條前方，質地嬌嫩，每隻羊僅擁有 200 克左右，適合涮著吃。

2. **頸肉**：質地較老，筋多而韌，適合紅燒和醬製。

3. **前腿**：肉中夾筋，筋肉相連，適合燒、燉、醬煮。

4. **肋條**：肋骨連著的肉，外部覆蓋著一層薄膜，油花呈天然的大理石紋路，肥瘦合適，質地鬆軟，適合涮、燜、扒、燒。

5. **黃瓜條**：位於磨襠前端，三岔下端，質地較老，適合烤、炸、爆炒。

6. **里脊**：緊靠著脊骨後側的小長肉條，纖維細長，是羊身上最鮮嫩的兩條瘦肉，適合涮著吃。

7. **腱子**：腿上的肉，肉中夾筋，適合醬製。

8. **後腿**：比前腿肉更多而且更嫩，脂肪低且美味，適合燒、燉、醬煮。

9. **羊尾**：全是脂肪，肥嫩香濃，適合拔絲。

成了蒙醫常用的藥引子。如果有人大病一場，尤其是患了風寒，只要羊肉下鍋，熱騰騰煮一碗，肉興許沒胃口嚥下，但這湯在任何時候都能讓人有活下去的希望。

對這種羊越瞭解下去，就越是覺得牠的不平凡。比如，其他的羊都是 13 塊胸椎、6 塊腰椎、26 根肋骨。獨獨烏珠穆沁羊，生有 14 塊胸椎和 7 塊腰椎、28 根肋骨，硬是比別人多一兩塊，這自然也讓牠們的肉比別人多出一塊來，這種獨特也讓牠長久以來受人尊敬。

導致在地赴死的那一刻，人們都為它選擇了最有尊嚴的死法——「掏心」。看上去凶殘無比，牧民卻明白，這種死法痛苦極少，在羊腹開一個小口子，直接切斷大動脈，地上卻鮮見有血跡出現，羊在極其短暫的時間裡死去，沒回過神來，血液還是在身體裡流淌的，肉質自然不會緊縮，口感最細嫩。

每年七、八月，牧民就把羔羊送進附近的小肥羊肉業基地。對於這種面向全球顧客的餐廳來說，肉一定要以嘗不出羶味才佳，何況小肥羊一直以不蘸料為特色，肉質的清甜口感至關重要。那時候的草原，青草正嫩，河水汪汪，羊羔們吃得正是香甜，但牠們也無所畏懼阿訇手裡的那把聖刀，對每一隻烏珠穆沁羊來說，活到多大歲數都無關緊要，每一天自由又瀟灑地活著，自己的使命也就完成了。

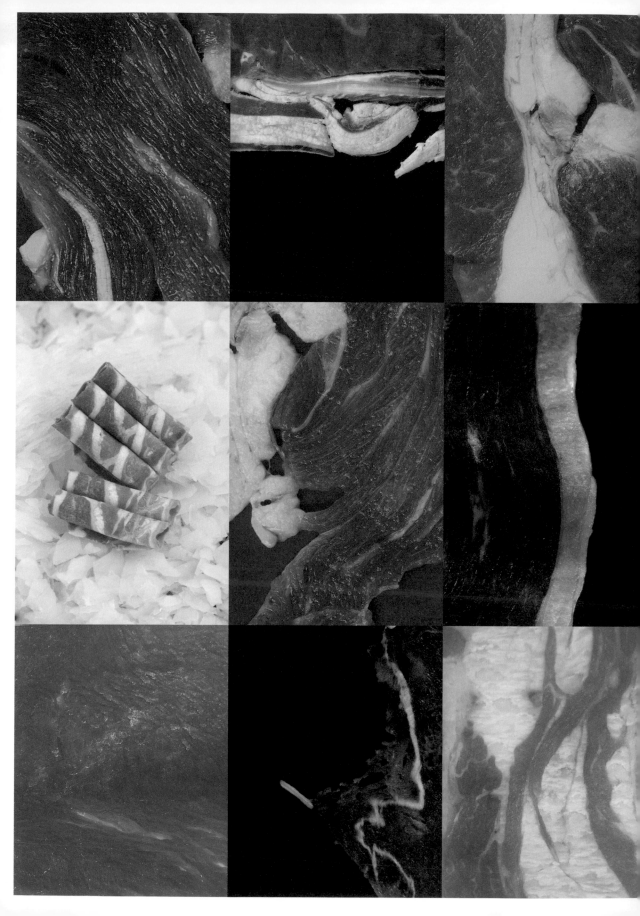

吃羊肉需要蘸料吗?

文／miya

羊肉的羶味兒，可能是南方人眼裡羊肉的唯一缺點，但在內蒙古人眼裡，這一點不足為慮，因為他們的羊好吃到不用蘸料。

朋友阿木是廣東人，來北京有五、六年了，把帝都的食物都批評了一遍，獨獨對羊肉「口下留情」，直言羊肉還是北方的好，廣東哪有什麼好吃的羊肉。

北方羊肉做法也多，南方人到北京，首先想到的是涮鍋。熱氣裊裊的鍋子裡沸水翻騰著，夾起一片櫻紅雪白的嫩瓜條兒到鍋裡，再蘸上一口放了香菜、韭菜花、辣椒油的麻醬，對帝都的第一印象就不會差了。

然後是烤羊肉，坐在煙火繚繞的爐子旁，挑好想要的羊腿，等腿拿去烤的間隙，點上二十來個羊肉串、五六隻烤羊腰和「花毛一體」，就著燕京的鮮啤，三五好友一口啤酒一口肉，便暗暗地對這座城市生出了依戀，就算再想離開也捨不得這一口撒了孜然和辣椒粉的羊肉串了。

他很快便琢磨起羊蠍子來，羊脊骨先燉上幾小時，就有了一鍋子的膠原蛋白，吃肉、喝湯、嗦髓三不耽誤，末了再來份大白菜和凍豆腐。心裡默默念著，下次等父母過來，一定要帶他們來嘗嘗，因為出了北京城，別地就難吃到了，只是南方來的父母，吃不吃得慣這味道就得另說了。

等到把這四九城的羊肉都嘗了一遍，嘴巴甜一點和店家拉近關係，就知道哪能買到新鮮羊肉了。廣東人喜歡琢磨吃，阿木得知哪有好羊肉賣後，便決意買回來自己做。也不是什麼複雜的做法，秉承廣府人一貫的原味主義，砂鍋裡加礦泉水，放入薑片、蔥白，等水燒開，夾進去一筷子切好的羊肉，小料也是提前準備好的，魚露、醬油混著點小米椒，有點簡易版「打邊爐」的感覺。

我一直覺得，阿木這麼多年都沒有離開北京，有羊肉的一半功勞。每次過年回家，他也不帶什麼伴手禮，熟識的羊肉店買來二、三十斤鮮羊肉，用

冰袋保鮮著，一路開車護送回去。可惜家裡人不太懂烹飪羊肉的法子，很多時候，做出來的羊肉都略有羶味。

說起來，阿木其實是個對味道十分敏感的人，小時候母親用稍有些味道的牛肉炒了個菜，妹妹吃得極香，他一筷子吃到嘴裡便察覺味道不對了。所以對於這北方的羊肉，他也不是百分百全然滿意的，主要是因為羊的羶味，這是他眼中羊肉唯一的缺陷。

> 內蒙古人的手把肉不加任何作料，起鍋後蘸點韭花醬，老人小孩吃得滿嘴流油，美味極了，哪裡會覺得一丁點兒羶。

這種令他不太愉悅的氣味，是由羊特殊的消化系統造成的。羊是反芻動物，胃裡有大量的微生物，用於初步消化，在這過程中會產生一些揮發性的脂肪酸，被吸收到了羊的皮下脂肪裡，便產生了羊羶味兒。中國目前有 140 多種不同種類的羊，最常見的是舍飼圈養的小尾寒羊，這種羊發育快、適應性強、價格也便宜，因而成了市場上羊肉的主要來源，但小尾寒羊的羶味較大，久而久之，很多食客便以為凡是羊肉一定羶，對它敬而遠之了。

其實是有點誤會了，羊肉根據羊的品種、性別、年齡和飼養方式不同，羊羶味兒也會產生大小差異，像山羊就比綿羊羶，大齡羊比小羊羔羶，圈養的比放牧的羶，業界公認的，那些自然放養、以牧草為食的蒙古綿羊，羊羶味兒就最少了。《舌尖上的中國》第二季裡有一集講內蒙古人的手把羊肉，在烹煮過程中不加任何作料，大火旺灶煮上 40 分鐘，起鍋後蘸點韭花醬，老人小孩吃得滿嘴流油，美味極了，哪裡會覺得一丁點兒羶。

葷腥羶，是南方人眼中的重口味，但在內蒙古人看來，羊肉是沒有所謂羶味兒的。有美食記者去錫林郭勒大草原採訪，和當地牧民聊起來，說他們一般只吃三歲左右的大羊，那個味兒重，而羊羔肉對他們來說味兒太淡，自己幾乎不吃，都拿去賣掉。

這拿到市場上的羊羔肉，多數供給了小肥羊這樣的全球化火鍋店，所以我們在小肥羊裡吃到的羊肉是沒有羶味兒的。小肥羊目前所使用的羊肉大部分來自錫林郭勒大草原的蒙古羊中的烏珠穆沁羊，選用的也多是 6 個月左右的小羔羊，火鍋湯底中還添加了中草藥，一丁點羶味都不會有。他們還自創了一種全新的火鍋吃法，就是不蘸料，空口白嘗涮好的羊肉，感受羊肉最原本的鮮美，這才是對羊的尊重。

阿木琢磨著，父母要是吃不慣羊蠍子，倒是可以來小肥羊吃吃羊肉火鍋。

阿木也和一位賣了幾十年內蒙古羊肉的老闆聊過這事，老闆的意思是，羊味並不是羶味兒，真正好的羊肉，吃在嘴裡有淡淡的奶香。想起自己在小肥羊點的幾盤雪花羔、肋腹卷，清湯煮過，還真是奶香味兒。他這個南方人對羊羶味兒的恐懼，也就不藥而癒了。

吃完羊肉，我們就熟了

文／miya　插畫／蔓蔓

無論是春節的羊肉餃子，夏天的紅柳烤串，還是老蘇州人家的藏書羊肉，再或者是冬天的涮羊肉，每個季節遇見了羊肉，我們的關係好像就更加熟絡。

雖然大家都有點忌諱羊這個生肖，但羊肉倒的確是大眾寵兒，東西南北，無冬歷夏，羊肉總能在對的時間出現在對的地點，若再遇到會吃的食客，便是一個很有記憶點的飯局了。

北京人逢年過節就吃餃子，冬天白菜豬肉，立

春過後，百草相繼冒頭，菜市裡買來幾把薺菜，剁碎了做羊肉餃子正好。羊肉餃子對於北京人，猶如桂林米粉於廣西人，是割斷不了的鄉愁。張北海自小離開北京，他在《俠隱》裡寫李天然剛回北平那會，整日在大街小巷晃蕩，餓了就找個小館子，叫

上幾十個羊肉餃子，吃完後心底安定一些，好像就此能和久別重逢的北平重新認識一下。

大二的那個暑假我去了趟新疆，主要都在南疆待著，南疆草原生態比北疆差很多，但卻有全新疆最好的羊肉。這裡的羊都叫「運動羊」，因為羊群每天要走上十多公里才能吃到新鮮豐美的水草，也正因此肉身健壯、脂肪均勻，用鐵籤或紅柳枝穿好，放在炭火上一烤，肥油混著肉香吱吱往外冒，再撒上當地的孜然和井鹽，能吃出多巴胺來。即便是和語言並不相同的當地人坐在一起，吃得都很快樂。

今年初秋的時候在蘇州，在街頭巷尾看到很多打著藏書羊肉招牌的館子。藏書羊肉用的是山羊肉，雖然也是放養，但羊膻味要比做涮肉的綿羊重很多。去膻的方法倒是簡單粗暴，羊身切成好幾大塊，旺火沸水煮過，肉先拿去清水中清洗一遍，名曰「出水」，鍋底的渣滓扔掉。出水後的羊肉再放入原湯裡，大、中、文火輪流伺候，待肉爛湯濃後拆骨，也就沒什麼膻味了。起鍋後的羊肉白燒或者紅燒，羊湯隨手撒上蔥花、鹽和辣椒就可，有的店裡還會有羊腰、羊腳、羊糕的冷盤。

我們一行三人去了觀前街的一家藏書羊肉店，點了個羊肉鍋仔，鍋子葷素各一半，羊肉羊血加羊肚，白菜粉條油豆腐，也算是領教了一番不羶的山羊肉，吃得好不快活。只是後來和蘇州當地的朋友聊起這事，被他奚落了一番，說藏書羊肉主推的應是羊湯，以前不少當地人家裡都備有開水瓶，專門用來裝羊湯。

倒也無妨，因為在我看來，涮羊肉才是羊肉的終極奧義，一年四季錯過什麼都沒關係，沒吃著涮羊肉就虧了。來北京的第一年，有天早晨一覺醒來，發現天格外地光亮，原來是下雪了，中午休息時間就被同事叫出去涮了人生第一頓羊肉鍋子，還被老北京惡補了《舊都百行》的一句話：「羊肉鍋子，為歲寒時最普通之美味，須於羊肉館食之。」導致現在每次一下雪，腦子裡就會循環播放一句話：吃涮肉，吃涮肉……

對涮羊肉的印象倒比吃到時早得多，那時候在看霍達寫的《穆斯林的葬禮》，裡面有個涮鍋子的場景，每次讀來都覺得很勾胃口：懶懶地抬起筷子，夾起一片薄薄的羊肉，伸到沸水裡一涮，兩涮，三涮，在最準確的時刻撈出來，放進面

小肥羊不蘸料
的祕密鍋底

前的佐料碗裡一蘸，
然後送進嘴裡，慢慢地
咀嚼著。

北京雖說是四季涮肉，但夏
天天熱，羊不愛吃草料，肉容易緊，等天氣涼下來，羊進食
得多，羊肉也變得鬆軟有彈性起來。歷史上最大規模的「千
叟宴」便是在極寒之時，嘉慶元年 (1796) 正月初四，太上皇
乾隆和幾千位老者，一起在寧壽宮的皇極殿吃火鍋，銀錫
的鍋子，來自內蒙古的羊肉和羊肉叉，眾人吃到滿面紅光，
如同穿了皮襖一般。

南城一處月亮門的後面，有家小小的涮肉館，我和老闆
的相識也是因為他去過幾次內蒙古，經常和我說些內蒙古
涮肉的事兒。他第一次去是十年前了，也是個冬天，被朋友
請去小肥羊火鍋在包頭的總店。在那裡，羊肉是餐桌上絕對
的主角，眾人吃完一輪再上一輪，都是上好的烏珠穆沁羊羔
肉，自小放養在錫林郭勒草原上，飲天然水吃天然草，一點
腥羶味沒有，清水鍋裡涮過後，不用蘸料就可以直接吃。

現在店裡的羊肉，用的也是草原上的蒙古羊，老闆現
在最大的念想是快點到冬天——因為冬天涮肉館的生意最
好。我其實和他想到一塊去了，等今年第一場雪的時候，去
吃一吃不蘸料的小肥羊。不論是新朋友還是舊友，都可以約出
來吃一頓，因為遇見羊肉，我們很快就熟了，不再陌生。

| 小肥羊涮肉小常識 |

第一步

先品嘗小肥羊的鍋底，這是由 60 多
種滋補調味品精心配置而成，喝的時
候可以加點蔥花和香菜末，味道更好。

第二步

接著下羊肉，建議用筷子夾著不要鬆
開，涮 10 秒後撈起，這樣湯底會因為
羊肉的脂肪而變得更香。

第三步

最後可以涮些蔬菜和豆製品，經過羊
肉湯的洗禮，蔬菜也變得更有滋味。

小提示

注意吃小肥羊要記住不
要蘸小料哦。

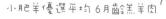

小肥羊優選平均 6 月齡羔羊肉

白塔寺涮肉群落

文／陳曉卿　　攝影／林舒

在京城涮肉界，白塔寺是一個傳說，北京城愛好這味，都喜歡夜色闌珊時分，擠到這個涮羊肉集散地，在涮肉愛好者眼裡，這裡不是一個簡單的地標，他們管這兒叫「白塔寺涮肉群」。

十幾年前，北京東、西部的飲食水平差異沒現在這麼明顯，甚至北京西部也有值得驕傲和不可替代的地方——比如涮鍋子，首善之區當屬西城的太平橋大街，一說涮羊肉，全北京人成千上萬人往那兒聚集。我一直認為，火鍋或者叫「hot pot」的這東西最適合中國人的胃口，國人少吃冷，凡食物大都講究「燙著吃」，習慣說：「好吃，趁熱！」我身邊一直不乏類似的典型代表。

朋友楊二是廣西桂林人，或許因為出生在北京東城小羊宜賓（小羊尾巴）衕衕，冥冥之中注定了他是個涮羊肉愛好者。最初楊二來北京，面對這個普通話說得都打折的人，最好糊弄的就是帶他去吃涮羊肉。沒想到，頭次接觸，楊二哥就不可救藥地愛上了這味兒。後來，我們一起合作拍片，住到了一個劇組，每次到了吃飯時間，問他想吃點什麼，回答永遠都是不變的「涮羊肉相當不錯，我

看」。連續幾頓吃下來，我基本上崩潰了，小便都是一股羊肉味兒。

還好，劇組人多——後來大家輪班兒陪他，楊二居然創下了連續五天涮肉十頓的紀錄！最過分的是一次他在新疆拍片，電話裡說，這次徹底把羊肉吃膩了，現在只想吃漢餐。結果回到北京，老哥還是要吃涮羊肉——他認為涮羊肉就是漢餐。確實，我見過的涮羊肉愛好者協會會員基本都是漢人。有位姓趙的姐姐，曾經做過《人物》節目製片人，北京土著，堅定的涮羊肉主義者。老趙經常出國，每次回來倒時差昏天黑地，後來突然發現涮肉管用——她說現在就算去月球回來都沒時差了。老趙家境不錯，老公花大價錢買了一張明代的紅木方桌，她看來看去，有心在桌中央挖一個圓洞，以便置一個銅鍋子。「不然這桌子不就成擺設了？」趙姐姐說。

當年，北京涮羊肉聚集的太平橋

大街靠近白塔寺，每回坐車過去，楊二都會說同樣一句話：「這個白塔，我越看它的形象越像個銅火鍋呢。」和二哥一樣，北京城愛好這味，都喜歡夜色闌珊時分，擁擠到這個涮羊肉集散地，也叫「白塔寺涮肉群」──在此之前似乎只有「嶺南畫家群」或者「白洋淀詩歌群」這樣神聖的稱號。那裡據說有將近一百家涮羊肉的館子，且全部爆滿：能仁居、口福居、百葉居、膳食齋⋯⋯哪怕趕上哪家排隊時間短，進去味道都還行。

在白塔寺涮肉群形成之前，北京的大部分涮羊肉還是走平民路線的，粗針大線。也正因為同質化的飯店開多了，競爭嚴重，白塔寺產品不得不開始變得精緻：羊是長城以北地區來的，肉也開始分部位了，廚子的刀工已經部分讓位給專門的機器，羊肉片薄如蟬翼。最重要的小料也各家有各家的特色，口福居的香濃、能仁居的溫和、百葉居的爽口⋯⋯我個人更喜歡膳食齋的小料感覺──可能是因為店面太小，每天打烊之前，老闆娘就在店堂最外面一張桌子邊，把各種罐子碼放在桌上，芝麻醬、醬豆腐、蝦油、韭菜花⋯⋯一點點倒進一只大桶，然後用一根長木棒，在桶裡緩緩地攪拌，那種似水流年的感覺，看著特別有食欲。

和楊二待的時間長了，我漸漸對涮肉從接受變成適應，但與口舌之歡相比，我更喜歡的是，在北方寒冷的夜裡有這麼一片溫暖明亮的不眠之處：坐在窗前，看著對面有食客相扶著出來，在燈光裡告別，街邊排班的出租車司機殷勤地過去開車門⋯⋯車流如水，遠處清冷的妙應寺白塔此刻也變得安詳⋯⋯這裡已然形成一道風景，一個有

鮮明北京印記的文化品牌。不過，這是我個人的看法，市政規劃部門的領導肯定不是這麼想的。幾年前，為配合金融街建設，太平橋大街拓寬，那麼多涮肉店幾乎在一夜之間消失殆盡，白塔寺涮肉也成了過去時態的詞語。

拆遷之後，我們去過一陣兒陽坊，那兒的肉確實新鮮，但吃一頓涮肉來回五十公里，這個投入產出比著實有點誇張。後來甘家口那條不知名的小街又有了鼎鼎香，它的羊肋卷非常肥嫩，小燒餅很酥很酥，但價格也越來越高⋯⋯最重要的是，炭火銅鍋子不在了，對於南方人楊二來說，木炭炭火的香味和羊肉的鮮美是同等重要的，而酒精、電磁爐或者煤氣，「那都不是人間煙火」。

前幾天二哥又來北京，照例又要涮肉。這次我們沒去天壇南門，而是直奔白塔寺──百葉居已經搬到了趙登禹路，白塔寺的北邊──這裡還是炭鍋，百葉和手切羊肉還能吃出當年的遺風。一瓶「小二」落肚，楊二哥不禁歷數起太平橋大街曾經的勝景，幾番唏噓，說這裡的香味幾百年不會變，萬一將來有人考古，報告上一定會寫著「白塔寺涮肉群落」的字樣。「那都是文化啊！」楊二激動地說。

看著這個醉態可掬的南方人，我只好笑笑。哪裡用得了幾百年，搞不好二十年後，北京市政部門就會決定重建涮肉一條街──大柵欄商業街、永定門城樓不都是例證嗎？先不分青紅皂白拆了，然後覺得不合適，再拿著照片復原──反正咱們制度好，有的是錢。

一碗羊肉裡的相濡以沫

文／劉樹蕙　插畫／Tiugin

一紅一白，這是蘇州食物的脾氣，充滿了人間煙火氣。

蘇州的湯湯水水、一飯一羹裡都是愛情。

為什麼這麼講？小時候坐在天井下看老人打長牌，一手吃桂花糕，一手看《浮生六記》，不管內餡的豆沙吃糊了嘴，就是羨慕死了沉復和芸娘的愛情。

他們的愛情從一碗白粥開始。芸娘在閨房裡私藏了白粥和小菜給沈復吃，被突然來的堂哥撞見了，笑話她：「我向你討粥喝，你說喝完了，沒想到是偷偷藏著招待沈復。」幼時的一碗白粥糗事，被他們談了一輩子。後來他們住在滄浪亭，芸娘歡喜地說，以後自己把房屋建起來，繞著屋子種十畝菜地，種瓜果和蔬菜，布衣菜飯，一生喜樂，相愛之人，不必遠游。

後來朋友說，如果想真正瞭解蘇州人，就得看看陸文夫的《美食家》，因為最高級的愛情是煙火氣。

新中國成立後，走投無路的朱自治原本一貫不近女色，最後卻和「乾癟老阿飛」孔碧霞走到了一起。孔碧霞是什麼樣的人，十多年的風流，都是在素手做羹湯中度過的，是上等的廚娘，品茶在花間月下，飲酒要憑欄而臨流，鰻魚需要用特殊的方法養一個星期才能紅燒。他們成天關在庭院裡吃得天昏地暗，朱自治從原來的不修邊幅變得注重儀表，每天早上夫婦倆穿著整齊上菜場買菜，一個拎籃，一個挎包，親親熱熱地過日子。

蘇州的食物有自己的脾氣，充滿了這樣煙火氣的愛情。入了秋，蘇州人就想吃羊肉了，大大小小的藏書羊肉店遍布蘇州的各個角落，它們通常不大，狹窄，都是老夫老妻經營了幾十年的老店。男人每天挑羊宰羊，確保羊肉新鮮，女人負責燉羊，保證口味鮮美。吃膩了松鶴樓、新聚豐的食客就叫個黃包車，去木瀆吃藏書羊肉，躲進一家開著燈的羊肉店，喝碗鮮得掉眉毛的羊肉湯，聽老闆聊著瑣事，冷日子就沒那麼難過了。

藏書鎮就有一家店，有好吃的羊肉，也有讓人羨慕的愛情。85 歲的鄒壽泉和 75 歲的顧根妹夫婦在人民橋塊的鄒記羊肉店開了二十多年，奶奶說：「他做羊糕，我做扎肉，一紅一白，我喜歡紅，他喜歡白。」二十二年前，奶奶 53 歲，爺爺 63 歲，兩個失去老伴的人相遇，在所有人的反對下結婚，開了這家店，開到了現在。奶奶性子急，做扎肉，爺爺性子慢，做羊糕。她說：「我貪他脾氣好，所以和他在一起，走到現在，一直開心一直開心。」看一個女人過得好不好，全寫在臉上，有光的笑容抵過千言萬語，這話，對於耄耋之年的老人來說也是對的。

今年中秋到店裡去看望兩位老人，順便吃羊，沒想到老兩口都不在，一起去太湖參加婚宴了，店交給了60多歲的兒子和孫子孫媳婦兒。

「藏書沒有羊了。」鄒爺爺的兒子這樣說。聽他說吳語，分不清ㄕㄤˋ和ㄘㄤˊ，不過普通話裡應該讀ㄘㄤˊ，因為藏書二字來自朱買臣在砍柴路上把書藏在山中。而且過去的藏書鎮真的養羊，蘇州西郊是丘陵地帶，適合養山羊。

「現在的山羊來自各地，每天去羊廠裡挑羊，要跑山的，兩歲的，三十七斤左右的。夏天吃的人少，一天一隻。這個時候就要兩隻了，蘇州老人家，總有這個觀念，羊肉要天冷了才能吃，夏天不能吃的，改不過來的觀念，大家都是到了秋天再開張。」

外地人對藏書羊肉有著深深的誤解，總認為它是一道菜，北京的朋友去過一次就說：「就是給你一個鍋，咕嘟咕嘟煮著羊肉和白湯啊。」但其實藏書羊肉主要包含羊肉湯、羊糕和紅燒羊肉，還有另外全羊宴的30多個品種。每家做的又都不一樣，沒有誰家的對，誰家的最正宗。

最好的肉總歸是要做扎肉。南方人吃帶皮羊，一塊塊切成三兩左右，用新鮮稻草捆綁，燉煮出來散發著一股稻草清香的味道。放入老薑、茴香、辣椒、桂皮的大料，用煤球的文火氣，慢慢燉，最後加入冰糖，燉2小時，盛出來，放在碗裡，澆上滷汁，撒上香蔥。拆開稻草，連著骨頭嗦進口裡，軟爛的肉入口就化，赤紅色的湯汁，恰到好處的甜，像極了兩個人相濡以沫的溫情。

剩下的一部分帶骨羊肉，拆下碎肉，加入豬肉皮和羊肉的高湯做羊糕，一夜靜置後變得像水晶一樣晶瑩剔透，蘸醋吃。還記得去年來的時候，看見他倆在拆碎肉，奶奶用刀子剁得噹噹響，轉手就把羊骨塞進爺爺嘴裡，這塊肉好吃的，爺爺用他僅存的牙齒啃著連骨肉，幸福得不得了。

她講：「我性子急的，做起扎肉就興奮，老頭子咯，耐心好得不得了。」

只要是和羊湯相關的工作都是鄒爺爺的，因為羊湯，要慢慢等候。外面的羊湯雪白濃厚，鄒爺爺熬的羊湯不是那種唬人的白，他的羊湯一口下去就鮮得讓人丟了魂，湯裡有羊雜、羊血和羊肉，加了比家常湯要多的鹽，勿加勿鮮的咯（不加不鮮的哦），但現在的人總歸想吃得清淡一點，不懂那個鮮味了。

喝得身上冒出一層細汗，便沉浸在店裡綿軟的溫情裡，兒子輩的鄒爺爺架著眼鏡，寫著字，抽著菸，一邊和身邊坐著的中年人說些什麼；孫子忙裡忙外低聲不語，與孫子穿著情侶裝的孫媳婦兒坐在一邊包著羊肉餡餃子，臉上都是笑意；老食客滿臉油光地出來結帳遞菸，拉著我說話聊蘇州美食，聊乾隆如何下江南被蘇州菜感動；遠在太湖的爺爺奶奶呢，坐在禮堂裡看著孩子們結婚，誠心希望他們老了也能相互攙扶，一直開心。

離開的時候，鄒爺爺講：「他們倆嘛，滿好的，做什麼都一起，今天又一起去太湖吃喜酒了，不知道什麼時候回來，多謝你惦記，天涼了，多穿件衣服，早點回去，家裡頭有人等伐。」我擺擺手說句「再會」，躲進出租車裡，寒夜中，也不覺得涼。

一個羊蠍子愛好者的自白

文／刀刀　攝影／林舒

開門見山，羊蠍子裡沒有蠍子，只有羊肉。我們有些時候也會在外面看到「羊羯子」這個寫法，這是錯誤的，因為「羯子」是牧民對被閹割過的公羊的稱呼，與羊蠍子的本義南轅北轍。

羊蠍子就是羊的脊骨

　　一隻羊剁完，羊腿羊腩羊排各有用處，剩下一條長長的脊骨，帶著零星羊肉，遠遠看著像蠍子的形狀，這就是羊蠍子名字的來源。將脊骨三下五除二剁碎下火鍋，這就是如今遍布大江南北的羊蠍子火鍋。

　　我是一個羊蠍子火鍋的狂熱愛好者。特別是冬天，對於羊蠍子有生理週期式的反應，幾乎每隔兩週都會去大快朵頤一次。

　　約上幾個朋友，一鍋老湯，裡面「咕嘟」著滿滿一鍋羊蠍子。羊蠍子一般分為三種肉：帶著骨髓的是脖頭，羊脖子附近的肉，肉多、過癮；由兩塊翼狀骨頭連在一起的是飛機翅，這是羊主要的一段脊骨，貼骨肉，吃著最香；長長一條的是羊尾尖，羊的

尾巴，這段是活肉，吸溜一下就能抿出骨頭來。

　　先吃脖頭，解饞；再吃飛機翅，一邊跟朋友天南地北地扯淡，一邊用兩隻手將飛機翅掰開，想盡各種辦法吃掉每一絲羊肉；最後吃羊尾，肥、嫩、滑，香得天昏地暗。然後就是白菜、凍豆腐和拉麵，捲著湯汁入口，額頭冒汗，吃飽踏實。

　　配酒的話，最應景的是二鍋頭，紅星藍瓶一斤裝的最佳。我也試過茅台和蘇格蘭單麥威士忌，豐儉由人，都沒毛病，爽快的氛圍一律能讓你喝醉。

　　關於羊蠍子火鍋的來源，網路上有一段關於蒙古王爺的故事，其真實性有待考察。從邏輯上來看，煮羊脊骨這件事，說不定比我們從猿人進化成人類的時間還要長，所以這段考據暫時按下不表。

據我所知,在北京,羊蠍子火鍋在 1990 年代到 2000 年左右曾經火過好一陣子,蘆月軒、蠍王府分店一家家開;「老誠一」和「城一鍋」羊蠍子火鍋官司打得不可開交。奧運之後,羊蠍子市場萎縮,如今大浪淘沙,留下的基本都是好店。

北京羊蠍子地圖

我最常去的一家羊蠍子店是平安里的滿恆記。

這裡的立身之本是原料──羊肉全部是從內蒙古拉來的。如今,滿恆記當家的滿俊還會在每年六七月份去內蒙古蘇尼特右旗「看草」。

本質上說,羊肉好,羊蠍子不需要過多烹飪也一定好吃。滿恆記的羊蠍子火鍋,首推就是白湯,這是拿羊棒骨一小鍋一小鍋燉出來的,有種現代派的簡潔之美。

其實,滿恆記最有名的是涮肉,第二有名的是他的性價比(喝酒人均到不了 100),第三有名的是糖餅和肉餅,可能第四有名的才是他家的羊蠍子。

在羊蠍子這件事上,南城往往比北城值得信賴,其中的代表是滿朋軒和山水間。

這兩家店一家在南二環靠近天壇的桃園東里,一家則挨著龍潭公園,相距不遠,風格相近。都是人聲鼎沸,至少排隊二三十分鐘,紅湯微麻燦爛,蠍子大塊過癮,配上京味小炒,能吃出北方的家常與大氣。山水間更是將經營版圖擴展到了英國倫敦。

這張單子還能往下列很多。比如西便門的羯子李,那裡有祕製的白湯羊蠍子;比如分店眾多的老馮,烤羊蠍子讓人百吃不厭……也有好幾家餐廳因為各種各樣的原因關掉了店鋪,比如虎坊橋的陸仁餐廳,有燜爛的羊蠍子、小碗牛筋、砂鍋燴餅,還有京西的添一順。

漂洋過海的羊蠍子

我第一次吃羊蠍子的經歷其實並不是在北京,而是在英國的利物浦,我在這裡度過了自己的大學生涯。

這是一座位於英國西北部的港口城市,以兩支著名的隊伍聞名於世:英超紅軍利物浦足球隊和披頭四樂團。大家不知道的是,這裡還誕生全歐洲第一條唐人街,有豐富的中餐傳統。

在靠近中國城的勵德街(Knight Street),有一家叫食全食美的北京菜館,供應還算道地的羊蠍子和不道地的烤鴨,每週四做一次煮、炒肝。我經常跟朋友週四過來,一份羊蠍子,一份煮,一份鐵鍋羊肉,這是我們的老三樣。

食全食美的羊蠍子,偏辣,偏鹹,但是羊肉味十足,甩開膀子吃,熱鬧得像在北京街頭,那「咕嘟咕嘟」的泡沫裡映著燈紅酒綠的篳街,厚重平實的東四,青春躁動的五道口。

老闆平靜,瘦長,有點像知名主持人竇文濤,瘋狂熱愛英超利物浦隊。去年 4 月 15 日,利物浦隊在上半場 0:2 落後多特蒙德的情況下連扳 4 球獲勝,全城歡慶。我們看完球在食全食美吃飯,老闆帶著笑容給我們端上了 3 杯奶茶,「請你們的」。後面還跟上了 3 根菸,定睛一看,國菸,還是中華,我們拍拍他的肩膀,開玩笑說:「老闆,這是

你們家最好吃的東西。」

也是在這裡，我認識了幾個北京哥兒們，他們總是不厭其煩地教導我：煮要配腐乳醬；涮肉要配麻醬；吃肉餅得配綠豆粥，喝肉湯太膩；還有，別在羊蠍子湯裡涮羊肉片，太不講究了。

我也問過老闆為什麼在英國賣羊蠍子。他說英國是個產羊大國，羊肉羊毛羊內臟都各有吃法，羊蠍子價值最低，買來做火鍋便宜好吃，也讓自己感受到了一點回家的感覺。後來我才知道，現在全國各地的夜宵攤都做的羊蠍子火鍋，其實原料大部分來自國外，特別是澳大利亞和紐西蘭這兩個國家，將沒有價值的羊脊骨冷凍海運到中國，算上運費價格甚至比國內還便宜。

北京這個地方，三面環山，西北是蒙古草原，粗獷而大氣，吃手把羊肉、風乾牛肉，喝大壺奶茶；往下是平原，向東南敞開，質樸中帶著健朗，吃羊肉燴麵、驢肉火燒和九轉大腸。羊蠍子的氣質更多介乎兩者之間，浩浩蕩蕩中又充滿人情味。

這座 3000 萬人的城市其實有兩個形態：第一個形態叫首都，有著全國最多的教授、明星、富豪、政客，氣質偏向於菁英；第二個形態叫北京，這個群體被統稱為老百姓，基本由北漂和北京人組成，氣質更多是平實。無數人奮鬥其中，忍受著它的寒冷和乾燥，龐大和冷漠。

這時候就需要一鍋羊蠍子火鍋。那種堆滿的氣勢、與朋友分享的喜悅、吸吮啃撞骨頭的趣味和冒著熱氣的溫度，仍能給我們面對寒風的勇氣。

支個鍋子吃羊蠍子

● 滿恆記火鍋

滿恆記的羊尾尖肉質最嫩，用筷子就能脫骨，吃起來特別過癮。店裡的小吃也很有人氣，鍋子吃到滿頭薄汗的時候，來上一碗果珍冰霜，快活。

地址：平安里西大街 14 號（趙登禹路口西南）

● 羯子李

羯子李的白湯羊蠍子羶味處理得特好，冬天最愛在碗裡加點蔥花喝湯，很暖身。他家的羊肉滷豆腐腦早點也格外好吃，而且不貴。

地址：西便門西里 7 號樓 1 樓

● 山水間羊蠍子火鍋龍潭湖店

山水間的紅湯羊蠍子鹹辣恰到好處，空口吃也夠味，又不至於掩蓋羊肉的本味。涼菜可以選紅果凍，天然的酸甜滋味，很能解羊肉的膩。

地址：東城區龍潭路 22 號

紅柳羊肉串起的浪漫風塵

文／李西　攝影／姜妍

金風玉露相逢，勝卻人間無數。紅柳遇見羊肉，同樣是燒烤界的天作之合，浪漫風塵裡的肉味飄蕩，味蕾心尖都颯爽。

出門吃烤串，當路過的人只看到煙時大概會說「喏，那兒在烤羊肉串吧」，燒烤和羊肉串之間的關係密切，可以互相代稱。而羊肉串，自然也是分高下。

自成一派的紅柳羊肉，當笑戰天下肉串。《舌尖上的中國》第二季有一集專門講食物之間的碰撞，像塞北口蘑和南方竹筍，是跨越千里相見恨晚的摩擦。而當羊肉遇見紅柳枝，這兩者在氣質上高度一致，又在味道上互相成全，則必屬天作之合了。

紅柳，並沒有柳樹高。是種灌木（部分瘋長的可以稱為小喬木），新疆的沙地、鹽鹼地上常有它們的身影。紅柳因為多見，加上生長十分迅速，所以就地取材後去皮削尖，就可以用來串肉了。紅柳枝剝皮後加熱會分泌出一種植物汁，汁水中的可溶性碳水化合物，則會成為肉類的天然調味料，使其別具風味。

羊肉一般取自新疆羅布羊，羅布羊主要養殖在荒漠和半荒漠地帶，為了尋找草料需要長時間來回奔走，肉質自然也出落得更加緊實。

我記得第一次在新疆吃紅柳羊肉串時驚訝於它們的個頭。羊肉飽滿，個頭似乎有嬰兒的粉拳那麼大，一串紅柳枝約莫也有 36 公分長，看著特別豪邁。和從前在南方常吃的那種一口一串的湘西小串有天壤之別。

羊肉和羊排肥瘦相間地串在一起，表面附著孜然和辣椒粉。瘦肉爽嫩彈牙，而肥肉，羞愧地說，那滋味讓我覺得比瘦肉還略勝一籌。因為肥肉表層已經烤得焦脆，外皮咀嚼有香，不會過分綿軟、膩口。但是內裡又沒完全喪失脂肪柔軟的豐腴觸感，所以一口咬下去，吮著微微溢出的肉汁時，完全可以用「爽」來形容。

現在想吃紅柳肉串，既容易也不容易。容易是因為北京城內確實有許多打著紅柳肉串名號的店，滋味也不錯，唯一不同的大概就是佐料上多了味京城人民愛的茴香。

相比攤頭街邊稱手小串的生猛活潑，紅柳羊肉的大塊頭和對串籤的要求使它略顯笨拙和講究，似乎缺乏了隨興的自然派作風，只能更多地在餐飲店內作為輔食被食客臨幸。

長期登堂入室，讓人忘了它其實才是最具有「在野」基因的食物。如果說我還對紅柳肉串有什麼念想的話，便是想再去新疆，去尉犁縣，和當地人一起在家門口燒烤。真切感受他們從南疆鹽鹼地上取下紅柳，串起新鮮切塊的羊羔肉，架起兩排地磚作天然烤架這種絕對的自然派。調味甚至只需撒上細鹽，胡楊木炭火燻起果木的芳香，發酵著人們的等待。

小孩們在等待肉熟的過程中歡歌笑語，男人們則在煙霧中微微眯眼沉默相對。等肉真到了嘴邊這一刻，大家緊繃的心事才落在腳邊，享受吃肉這一刻的自由。

紅柳肉串屏棄了鐵籤的沉重，褪去了鐵籤的金屬冷色，人們握住樹枝，擁有了最純粹的口舌歡愉，順便邀一把最敞亮的疆野之風。大漠無言，人情開始圓融，人們低耳交換今天的日常，過往的心結，呈現出了一種嗜葷如素的淡然。

由此，才可以說這浪漫風塵裡的肉味飄蕩，讓人味蕾心尖都颯爽。

湯底成就生活

文／劉樹蕙　插畫／嗷嗚

每個城市青年都幻想能每天給自己做頓大餐，不要猶豫了，踏出這一步吧，讓我們紅塵做伴，把自己餵得白白胖胖。

「晚上吃什麼呢？」這是個宇宙難題。

吃冷凍水餃？已經吃了三天了，打個嗝都是三鮮味兒。去樓下隨便吃點？方圓十里的餐廳都已經被我吃遍了。點外賣？自從看了新聞報導遇見外賣就瑟瑟發抖。那麼就像《小森林》裡那樣為自己好好做頓飯？

可是太忙太累啦！最重要的是，誰能告訴我怎麼調水煮肉的辣醬比例，羅宋湯放多少番茄醬，高湯娃娃菜要怎麼做，並且在二十分鐘內搞定這一切，有模有樣地端出來？

大部分人會說熟能生巧，但是今天我就要告訴你一個攻克菜譜的妙方：火鍋湯底。有了它，那些館子裡的硬菜也不在話下，有了它，就能化腐朽為神奇，瞬間變出靚菜，讓你的生活品質上一個 level（階層）！

上湯娃娃菜

材料準備

食材

娃娃菜 200 克，皮蛋 1 個，火腿腸 50 克。

調味料

小肥羊混合態火鍋湯底清湯型 30 克，蔥花。

製作步驟

1. 將娃娃菜洗淨切成條，將火腿腸、鴨蛋、皮蛋切碎成丁；

2. 在鍋裡加入水，放入小肥羊清湯湯底，煮開後下入娃娃菜，煮熟後取出備用；

3. 鍋中加入適量水燒開後倒入火腿腸、皮蛋和鹹鴨蛋丁，煮熟後倒在剛才的娃娃菜上；

4. 最後撒上蔥花就好啦。

口味龍蝦

材料準備

食材

小龍蝦 1000 克。

調味料

小肥羊混合態火鍋湯底辣湯 100 克，

食用油 20 克，老薑 5 克，大蒜 5 克，桂皮 2 克，

香葉 3 片，八角 2 個，整乾辣椒 20 克，

食用鹽，紫蘇少許，可根據個人口味調整。

製作步驟

1. 小龍蝦處理乾淨後，用剪刀將蝦背剪開；
2. 起熱油鍋，將蝦炒至變色，加入小肥羊辣湯火鍋湯底翻炒至香味完全出來；
3. 放入適量的水 加入紫蘇 乾辣椒 薑片 大蒜、桂皮、香葉、八角，食用鹽，開大火煮 8 分鐘即可。

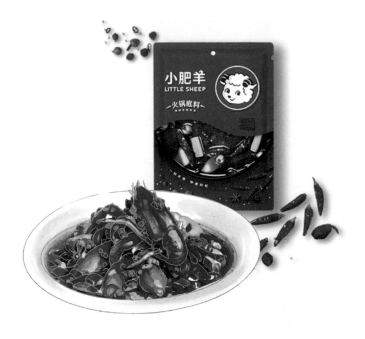

羅宋湯

材料準備

食材

牛腩 200 克，馬鈴薯 50 克，番茄 30 克，

胡蘿蔔 30 克。

調味料

小肥羊鮮美番茄火鍋湯底 40 克，太白粉 2 克，大蒜末少許，可根據個人口味調整。

製作步驟

1. 牛腩切塊，川燙。盛出後放入壓力鍋，加水淹過牛腩，煲 30 分鐘；
2. 鍋中加入熱油，炒香蒜末，依次放入馬鈴薯、胡蘿蔔，炒出香味後放入番茄，再加入適量鹽，翻炒均勻；
3. 將炒好的配菜倒入壓力鍋中，加入小肥羊番茄湯底，倒入清水，再次煲煮 20 分鐘；
4. 盛出後還可以在明火上慢燉 30 分鐘，可以在這時候加入一些太白粉再煮一會兒，增加黏稠感。

水煮牛肉

材料準備

食材

牛肉 300 克，豆芽 50 克，萵筍尖 50 克。

調味料

小肥羊麻辣火鍋湯底 20 克，食用油、太白粉、蛋白、

食用鹽、大蒜末、老薑末、蔥花、乾辣椒段少許，

可根據個人口味調整。

製作步驟

1. 將牛肉洗淨，切成四五公分長、兩三公分寬的薄片；

2. 加入太白粉、蛋白和少許鹽與牛肉拌勻，醃 30 分鐘；

3. 將乾辣椒、花椒在乾鍋中炒香後盛出，碾碎後備用；

4. 將豆芽和萵筍尖燙熟後放入碗底備用；

5. 在鍋內加入水，再放入小肥羊麻辣火鍋湯底，放入生
   薑和蔥段，煮開後放入醃製好的牛肉片，燙熟後連湯
   帶肉一起倒入鋪了菜的大碗；

6. 在最上層撒上剛才碾碎的花椒乾辣椒末，再將大蒜末
   放在頂端；

7. 鍋洗淨，燒熱後，倒入少許油，加熱至九成熟後，潑
   在辣椒粉和蒜末上，大功告成！

麻醬豇豆

材料準備

食材

豇豆 200 克。

調味料

小肥羊火鍋蘸料清香型 10 克（重辣愛好者

可以選擇小肥羊火鍋蘸料香辣型），

白醋、白糖、食用鹽少許，

可根據個人口味調整。

製作步驟

1. 將豆角洗淨後，切長大段；

2. 鍋中燒開水，放入少許鹽，下入豇豆燙
   3 分鐘，撈出後過涼水；

3. 將小肥羊清香味火鍋蘸料加入醋和少許
   糖攪拌均勻；

4. 將少許調好的醬汁淋在瀝乾水的豇豆上
   即可。

叮咚，這裡有一家 24 小時火鍋店

文／劉樹蕙　插畫／柚子沫

我有一些關於火鍋的不可實現的夢想：在家裡有一個任意門，推開來就是火鍋店；讓自己成為一代天子，隨時隨地吃幾百個鍋子；家裡就開一間火鍋店並且24小時營業……

人生一大幸事：在想吃火鍋的時候，吃到它！

即便對我們這樣一個重度火鍋愛好大國來說，這都不是一件易事。

首先從幾百年前的清朝說起，那個時候的火鍋已經是當之無愧的皇家御食，讓所有愛新覺羅家族的成員都魂牽夢繞，最狂熱的時候，他們整整吃了三個月，一直吃到正月十六。

最愛吃的人是乾隆，他有一年吃了兩百多頓火鍋，那個時候最出名的是十二品野味火鍋，就是由八種葷菜和四種素菜做成的，素菜拼盤就是刺老芽、大葉芹、刺五加和鮮豆苗，葷菜不得了，是鹿肉片、狍子脊、山雞片、野豬肉、野鴨脯、魷魚卷、鮮魚肉、飛龍脯。光是這幾樣食材就夠御膳房忙一個月了，根本不是普通平民百姓能吃得上的，就連袁枚這樣的一個集才華和名氣於一身的老頭

子，最後也因為沒吃上千叟宴的火鍋難過得不行。

清朝人不能隨時隨地吃火鍋，你以為現代人就已經解鎖這個難題了嗎？

我的南方朋友就因為這個問題而時常感到惆悵。她在北京生活了兩年，最大的困境就是，為什麼不能什麼時候想吃牛油火鍋就吃到它，比如在她失眠的凌晨 4 點，她坐在北四環的家裡，有一種十分強烈的衝動就是擁有瞬間移動的魔法，穿門而出，飛躍到樓下的火鍋店，吃三盤耗兒魚。可是她不能，她只能坐在窗台前，看著這個霾氣曖曖的城市，無人訴苦。她不曉得有什麼辦法能瞬間吃到火鍋，我告訴她，或許可以在家裡備著點火鍋湯底再備點肥牛卷和蔬菜，隨時煮一煮。她表示這也太麻煩了，還要刷鍋洗碗。她只想吃現成的。

有同樣困惑的還有我的北京朋友，一個羊肉

火鍋骨灰級粉絲，她是一個廣告公司的設計總監，這就意味著，想下班是妄想。

她在無數個深夜的辦公室裡，發消息給我：「今晚的火鍋我去不了了，要加班。」在不知道錯過多少個火鍋局之後，她絕望了，感覺生活沒有盼頭，連最低級的口腹之歡都無法滿足。她如今的人生理想就是，希望自己能像乾隆一樣想吃涮鍋子就吃涮鍋子，一天能隨時隨地吃上十幾個鍋子。可惜，她無法當上女皇帝，無法在任何地點任何時間都讓人準備好想吃的肉。她只能繼續加班，繼續坐在辦公室裡，想像著自己畫的 icon 冒著火鍋的熱氣。

甚至，我沒想到，我的外國朋友也因為無法在任何時間地點吃到火鍋而感到悲傷。

他曾經問過我一個深刻的問題，既然人類發明了火鍋這樣一個集美味、團結於一身的美食方式，為什麼不能讓它隨時隨地出現？

我無法解答。他的這個困惑起源於他的一次徒步旅行，當他背著所有裝備，到達海坨山頂的時候，一陣淒風苦雨外加冰雹從天而降。他耗費了兩個小時搭建完帳篷，飢腸轆轆地躲在裡面看著自己帶來的薯片和餅乾，卻沒有一點想吃的欲望，此時他只想吃熱氣騰騰的火鍋。這讓他誕生了一個創業的想法，去海坨山頂開一家全北京景觀一流的火鍋店，讓每一個徒步愛好者登到山頂吃到火鍋，那將是所有人登山的唯一期待，沒有人再會因為苦和累半途而廢。

可惜沒有人願意投資一個不懂中餐的外國人，但我是理解他的，作為一個時常宅在家裡只想躺床的遊戲宅女來說，多麼希望自己擁有以上所有的假想：在家裡有一個任意門，推開來就是火鍋店；讓自己成為一代天子，隨時隨地吃幾百個鍋子；家裡就有一個火鍋店並且 24 小時營業……

這些所有的假想是屬於火鍋愛好者最後的狂歡，因為，隨時隨地吃到火鍋的答案其實我們早就擁有了。

在偶然一次坐火車的途中，鄰座的阿姨打開一個盒子，倒了半瓶水進去，沒過一分鐘，盒子就嗚嗚嗚冒著熱氣，過了十分鐘，令整個車廂為之傾倒的香氣就飄出來了，她打開蓋子的一瞬間，我還看見了一大片一大片羊肉和金燦燦的湯，一份上乘的隨時帶著走的羊肉火鍋啊。

這是個內蒙古的阿姨，她帶著驕傲的語氣對旁邊的小屁孩說，這是小肥羊的方便火鍋哩，用的是我們內蒙古草原散養的羊肉！

聽到這個標準答案的一瞬間，我安心了，並把這個消息告訴了我的愛火鍋同盟們。從今天開始，因為方便火鍋，我們的往後餘生，便都是火鍋。

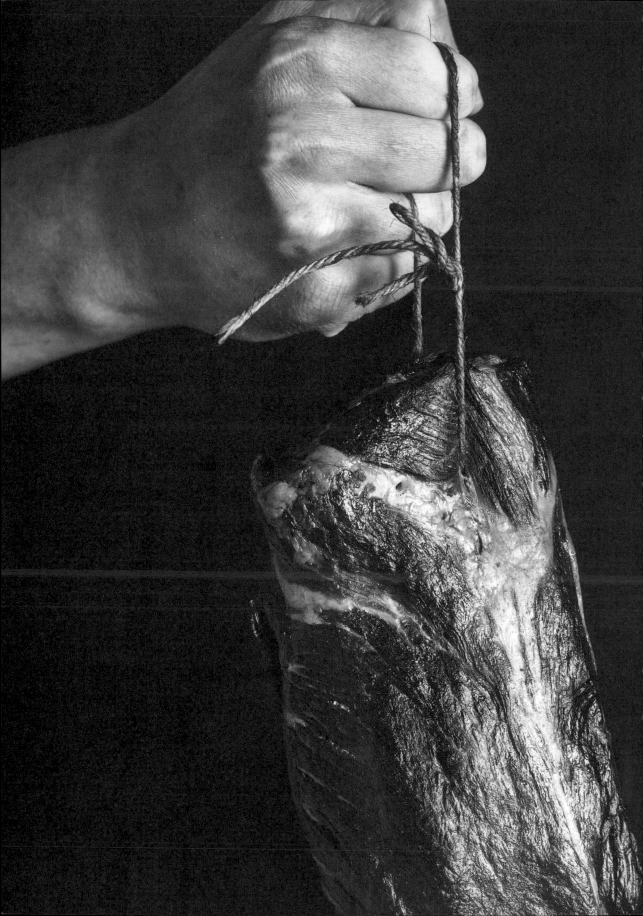

牛肉，性別男

文／王琳

江湖是男人的夢想，江湖裡的男人都愛吃牛肉。為什麼偏偏是牛呢？全因農耕時代牛是重要勞動力，國家禁止殺牛，吃牛肉犯法，即便自然死亡的牛都要跟國家報備，賣牛肉的只有江湖黑店。不過也正是這樣，吃牛肉＝造反，敢吃牛肉的都是真漢子！

村上春樹的「肉欲」

文／毛晨鈺　圖／Lucky Peach

牛排是村上春樹盤子裡的白月光。

他向來不大喜歡肉，平時大多只吃些魚和蔬菜，但每兩個月便有一回失控：腦海裡忽地冒出牛排的圖像，死活揮之不去。我猜想大概牛排這東西已作為肉之符號或某種純粹概念輸入了他的大腦，而當體內肉類營養成分不足之時便自動發出信號：「缺肉咧！嗶、嗶……」

每當這個時候，一切花裡胡哨的配菜都不過是隔靴搔癢。要想真正一解欲望的癢，只有吃極其單純的牛排。

什麼是高純度的牛排？村上春樹把規矩定得很明白：「把正是時候的上等牛肉三兩下俐利地煎好，調味稍稍用一點兒鹽末和胡椒──此外別無他求。」

我在東京的時候，曾專門走了一遭「村上地圖」。作家在千馱谷某個轉角的二樓開過一家名叫「JAMAiCA UDON」的小酒館。酒館不在了，卻在地下一層誤打誤撞走進一家名叫「CHACO あめみや」的炭燒牛排店。

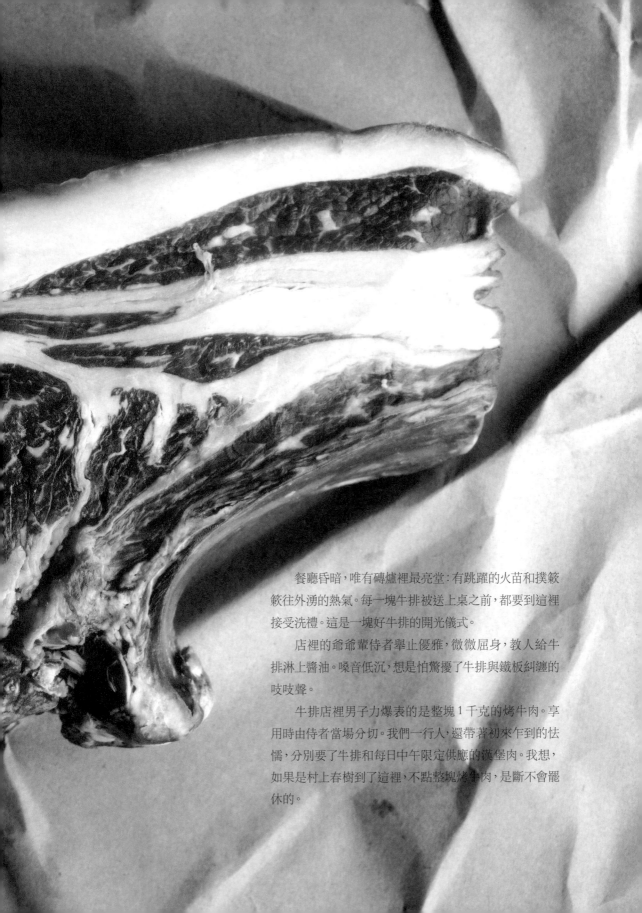

餐廳昏暗,唯有磚爐裡最亮堂:有跳躍的火苗和撲簌簌往外湧的熱氣。每一塊牛排被送上桌之前,都要到這裡接受洗禮。這是一塊好牛排的開光儀式。

店裡的爺爺輩侍者舉止優雅,微微屈身,教人給牛排淋上醬油。嗓音低沉,想是怕驚擾了牛排與鐵板糾纏的吱吱聲。

牛排店裡男子力爆表的是整塊1千克的烤牛肉。享用時由侍者當場分切。我們一行人,還帶著初來乍到的怯懦,分別要了牛排和每日中午限定供應的漢堡肉。我想,如果是村上春樹到了這裡,不點整塊烤牛肉,是斷不會罷休的。

屯兒裡的多國籍肉店

文／王琳　攝影／李佳鸞

第一次走進米歇爾肉店的時候，我立刻就想到日本NHK 紀錄片，《紀實72小時》裡的《多國籍的肉店》。這裡，就是北京的多國籍肉店。

身在三里屯的幸福村中路，會讓你有一種身在法國的錯覺。

打頭陣的是飄著黃油香氣的老牌麵包房「法派」，櫥窗裡擺放著滿滿的可頌、法棍；緊接著是氣質堪比龐畢度藝術中心，有扎眼紅白櫥窗，閃著霓虹燈牌的「大炮漢堡」；繼續走是紅磚風格的「麵包會有的」，這裡總有牽著自家大狗在門前曬太陽等位置的外國友人；而第四家，馬賽克外觀的店面，就是我們的主角——米歇爾肉店。

米歇爾肉店是幸福村中路最早的「法國元素」。2006 年開業，現在已經走過13 個年頭，而創立的緣由，竟然是因為鄉愁。

十幾年前，法國青年米歇爾來京生活，北京的一切讓這個精緻的法國男孩無所適從，這裡找不到一站採買法國食材的超市，這裡的牛肉沒有法

國肉店的分割方法，連做飯都無從下手。抱著不如自己開一家的心態，米歇爾肉店就這樣在幸福村中路扎根。

這裡最大程度還原了巴黎街頭的肉店，沒有分割斬肉的血腥場面，取而代之的是乾乾淨淨的櫃檯，法餐必備的牛、羊、雞肉、豬肉切分後被整整齊齊地排在盤子裡，連同灌好的一節節法式香腸，擺進幾公尺長的弧形玻璃冰櫃裡。選好了肉，店員還會幫你用一張白色的油紙包好。

店面另一角的冰櫃裡擺放著大小不一的法式奶酪、火腿等熟食，底下墊著的紅白格子餐布，格外有法蘭西氣質。還有整面牆的紅酒，零散的調味料，法餐肉食的一切材料都可以在這裡找到。

甚至，米歇爾還特意找來了法國肉店的靈魂——一位法國屠夫，這位法國屠夫在中國待了

兩年，按照法國的標準教中國屠夫肢解牛肉、切分牛肉，直至完全教會，才放心回到法國。

在牛肉和牛排的分類上，法國人有著堪比「庖丁解牛」的細緻。法國人與牛肉的較勁從排酸開始。中國的國家衛生標準是排酸 24 小時，法國標準是排酸足足排 21 天，而且在分割方式上，法式牛肉分割法是將整頭牛分割成 34 個可食用部位，可以煎、烤、烹、炸、燉，每塊法國牛肉都會按照對應的烹飪方式進行分割。

在米歇爾肉店，你會看到薄薄的牛肉片，因為比牛排薄，煎得比較快，最適合匆忙回家準備晚飯的上班族；呈捆綁造型的牛里脊，麻繩扎的間隔，恰好是切分的比例，跟牛里脊綁在一起的白色部分是豬的肥肉，因為牛的

肥肉不能片成片，再加上豬油比較香，煎的時候豬油會滲到牛肉裡，滋潤純瘦的牛里脊；牛頭刀是後背上腦的後半部分，靠近尾巴，一般用來烤著吃……每塊肉，店員都會如數家珍地告訴你合適的烹飪方法。

藉著身在使館區的優勢，每天不同膚色不同國籍的人都會在店裡選肉買肉，按照自己國家的口味來烹調，也會有老客人興沖沖地拿著自己做完的食物照片來跟店員交流，探討一塊肉有多少種好吃的可能性。

13 年過去了，當初思鄉的法國青年已經回到家鄉，而他留在中國的米歇爾肉店卻從最初只在法國人圈子裡流傳，到現在被更多人接受，藉著法式分割法，在三里屯闖出了一片天地。

炙子烤肉，
北京男人的烏托邦

文／劉樹蕙　攝影／陳超

在北京這片土地上，炙子烤肉是北京男人的烏托邦，他們徜徉在這片肉山肉海裡大汗淋漓，樂此不疲。

在北京，炙子烤肉是男人最後的烏托邦。他們的傷心，他們的快樂，都獻給了衚衕裡的炙子烤肉。

剛來北京的第一年，就有人對我說，一個女孩子家別一個人去炙子烤肉店。因為一腳踏進這裡，你就會陷入一個困頓的、聞所未聞的、雄性荷爾蒙滿溢的異域世界。在煙燻火燎間，每個男人坦然地赤膊上陣，這裡是只屬於男人的盛會，而烤肉店的老闆便是這場酒肉盛會的見證者：

「我家的客人都是穿著襯衫進來光著膀子出去，前兩天，有位爺吃得好好的，突然站起來唱起了歌。我本來想上去阻止，畢竟這是公共場合嘛，會影響別人啊，沒想到，他一唱完，在場所有人都鼓起掌，大家都特高興！之後他更高興了，按桌獻唱，挨個敬酒……」

這裡有北京爺們兒最放鬆的真實。喝著喝著，順著炙子上的煙，假裝被迷了眼睛，淌兩滴淚，也不丟人。更多的痛，被融化在烈酒和蛋白質裡，忘掉那些糟心的日常吧，喝完這杯「牛二」，明天醒了又是一條好漢。

話說在很久很久以前，炙子烤肉非男人吃不可。這話當然不會刻在門臉上，因為最早，炙子烤肉只能站在路邊吃，並且要寬衣解帶！這才標準，這被稱為「武吃」。這不是哪個烤肉協會規定的，如果去到今天南禮士路58號有著三百多年歷史的烤肉宛，他們會這麼跟你說。

1686年，一個推著小小獨輪車的宛老闆出現了，他一開始在西四的南絨線衚衕西口賣牛頸肉，生意做久了，又支起個烤肉的炙子給路過的人現烤現吃，掌櫃的人靈活，貨又實在好吃，生意越來越

好。於是，第一代自助燒烤就此誕生。

北京的八旗子弟、王公大臣都愛這味路上遇見了，哪拒絕得了這香氣，不來一盤吃了再走，成何體統？那些面子啊，裡子啊，身分啊都顧不上了，和搭著涼巾的黃包車大爺赤膊站在一塊兒，「吱溜一口酒，吧唧一口肉」，別提多帶勁兒。這烤肉吃的就是這個真實，這個地氣，這個包容。

就算後來為了幫女人和文人解饞興起了「文吃」，北京爺們兒也依然是「武吃」的忠實擁護，在炙子烤肉身上，他們感受到了前所未有的自由。這自由不僅來源於吃得瀟灑，還來源於吃得講究。

因為講究，是北京男人的行為邏輯。他們可以為了瓶醋包頓餃子，也會為今天有了好柴好炙子，吃頓烤肉。譬如說梁實秋，他在青島受夠了與炙子烤肉的離別之苦，專門派人從北平定製了一具炙子過來，又讓孩子去後山拾了松塔回來敷在炭上，準備好幾個回合之後大宴賓客，有哥們兒和炙子在，才配得上吃頓好羊肉。

最初的炙子有一米長，為了方便運輸，把原來的鐵塊分成了一根根鐵條，然後用鐵圈箍起來，這樣的好處是，油脂可以從縫隙中滴落在果木松塔上，燒起來松香濃郁，讓肉吸附果木香。北京爺們兒樂於追求這煙氣，他們還告訴我「如何鑒別一個男人是否混炙子烏托邦的常客」，就得看他進門時要不要說一句：「給我挑個老炙子！」

炙子也需要養，這和老紫砂壺一樣，老闆會隔段時間就給炙子上層油晾著，老了、吸油、不沾、更香。當喊出這句話時，烤肉店的所有男人都會轉頭看著你，視你為知己，歡迎來到炙子烤肉歡樂園。

吃肉也有講究，烤肉宛會選西口產四歲半的公牛，羊是西黑頭、團尾的西口綿羊，只要上腦、里脊等最鮮嫩的部位。剔除筋膜碎骨後，再用特製尺許長的大鋼刀，以「一刀三顫」的技法，把肉「拉切」成形似柳葉、薄而不散、大小勻稱、肥瘦相宜的肉片，一斤肉大概能切出一百五十片左右。切出來的肉薄而透亮，嫩得賽豆腐。

這著實讓男人們感動，因為到 80 歲，他們還嚼得動烤肉，在這裡匯聚一堂。就聽著「吱啦」一聲，肉接觸鐵板，羊油濺起蹦得老高，半分鐘後聞見讓人無法克制的肉香，一分鐘後香菜和蔥白如錦上添花，肉變了色捲曲起肉身，就可以吃了。先吃口純肉是對它的敬禮，然後蘸辣椒油或者撒上孜然辣椒粉，再吃口糖蒜和黃瓜條，怎麼吃都行，沒那麼多硬性規定。

現在的烤肉老店「南宛北季」不復從前市井模樣，多以「文吃」為主，北京的各位爺對此表示不以為然，在他們眼裡，吃炙子烤肉怎麼能不自己烤？就拿衚衕口第一家劉記來說，外面已經人山人海，一走進去，爺們人氣爆滿，老闆又是無奈又是自豪：「來我家吃飯小聲說話真沒人聽得見，不是說他們多粗魯，就是被這氣氛帶的。還有一次有 15 個人來吃，他們非得坐一桌不分開，椅子換成等位的圓板凳都坐不下，最後只能站著吃，倒真成了武吃了……」

對北京爺們兒來說，炙子烤肉是他們心裡一座不可侵犯的小島。在這個島上，可以肆意妄為，可以不顧形象，他們，是自己的王。

愛恨牛舌

文、攝影／范琛

牛舌料理簡直是蘿莉一般的存在，膽固醇高得罪惡，但對內行的老饕來說，是生命之光，欲望之火。

提起牛舌這種食材，愛者有之，恨者有之。不喜者覺得吃這道菜像是在和牲畜接吻，讓人心生畏怯，而牛舌愛好者則鍾愛於這一食材的獨特口感，它既可以燉得軟爛，又能夠烤得柔韌，薄切品出風味，厚切吃得爽快，這一獨特性在肉類中可謂是無出其右。

牛舌料理不只一國獨有。法國人很愛吃紅酒燉牛舌，將牛舌用紅酒和其他香料一起燉煮至軟爛入味，吃起來的愉悅程度不亞於和心上人法式接吻。國內也有不少省份愛用牛舌下菜。比如什麼都吃的廣東人，自然不會放過牛舌，老廣們習慣將牛舌稱為牛脷，風味獨特、適合下酒的牛脷就深受老廣們喜愛。我常去的一家廣州粵菜館海宴樓，燒牛舌是一絕。而四川人則是將牛舌和牛的其他邊角料一起涼拌成菜，開發出了夫妻肺片這道名小吃，

顯示出勞動人民變廢為寶的創造力。

得益於近年來日式烤肉店的流行，一提到牛舌，許多人的第一反應大概就是日式烤牛舌。日式烤牛舌源於日本東北地區宮城縣的仙台。據說，在「二戰」結束後，大量美軍進駐仙台，在消耗了大量牛肉作為食物的同時，卻將牛舌、牛尾等部位棄之不用。

當地一家名為「太助」的燒鳥店店主佐野啓四郎曾於 1930 年代在東京學習法國菜，並從法國廚師那裡瞭解到牛舌的美味之處，由此想出了將牛舌薄切燒烤的料理方式。1948 年，佐野啓四郎在仙台經營的店鋪開始推出烤牛舌料理，這就是日式烤牛舌的起源。

有趣的是，佐野的店鋪在開業很長一段時間後，在當地並沒有多少人氣。直到日本進入經濟高

仙台常見牛舌料理

· 牛舌刺身：薄切，選用的是最靠近舌根、最軟嫩的部位。

· 烤牛舌：厚切，選用的是脂肪含量多的中段，分為鹽烤、味噌兩種做法。
　　　　　也會以定食的形式出現，搭配麥飯和牛尾清湯。

· 牛舌咖哩：經常用質地較硬的牛舌尖來燉煮。

速增長期，從其他城市往來仙台的上班族、東京企業派駐仙台的管理層人員增多後，開始有大眾媒體介紹牛舌料理，牛舌才在日本全國逐漸受歡迎起來，從而也漸漸受到仙台本地人的歡迎。

牛舌料理在仙台發展至今，已經成為遊客來當地必嘗的特色菜之一。2017 年《米其林指南宮城 2017 特別版》發布，作為庶民料理的代表，仙台的一家牛舌料理店——牛たん料理閣，入選了必比登指南。這讓這家原本就是當地人氣餐廳的小店變得更加熱門。如果你要嘗試且只能嘗試一家牛舌料理店，這家餐廳便是不二之選。

> 牛舌中最為肥美的部位是靠近喉嚨的舌根，這部分的脂肪含量較多，口感也更為柔軟……外層炙烤過後，內部還保持著鮮嫩的粉色狀態……

牛たん料理閣的菜單上，可以選擇的牛舌菜式並不多，如果你像我一樣，是個肉食愛好者，一次嘗試完這裡所有的牛舌料理也是可行的。一整條牛舌雖然看起來又厚又長，但可食用的部分並不多，廚師需要先去除表面的黏膜和堅硬的角質，剩下柔軟的部分才適合食用。經過廚師處理過後的牛舌，也如同高級和牛肉一般，變得既柔軟又細膩了。

首先是作為前菜的煮牛舌，牛舌被燉煮得軟爛入味，連內部的筋咀嚼起來也毫無阻礙。再配上一些黃芥末醬開胃，如果是好友聚會，這時候已經可以開始舉杯了吧。

當然，烤牛舌自然是店裡最受歡迎的招牌菜。在一般的日式燒烤店，牛舌大多採用薄切。這是由於牛舌切薄之後，會顯得更韌，即使品質一般的牛舌吃起來口感也不差。

而好的牛舌專門店會採用厚切的方式，這對牛舌品質和部位要求也更高。猛火燒烤之後，牛舌會更有外焦裡嫩的口感，吃起來也更有「大口喝酒，大塊吃肉」的豪邁爽快感。這家店的牛舌厚薄程度適中，牛舌被烤得外表焦香撲鼻，吃起來爽脆而帶有韌勁。

別急，招牌菜過後，還沒有結束。這家店更吸引人的是表面微微炙烤過的半生牛舌。如果你喜歡三成熟牛排或是半烤鰹魚之類略帶野性的食物，大概也會像我一樣愛上這一道菜。牛舌中最為肥美的部位是靠近喉嚨的舌根，這部分的脂肪含量較多，口感也更為柔軟。

這道半生牛舌採用油脂最豐厚的部位，外層炙烤過後，內部還保持著鮮嫩的粉色狀態，略微夾生。廚師將牛舌切得很薄，吃起來外部焦香之餘，內層口感也十分嫩滑。夾一片薄牛舌，裹著蔥段，再加點檸檬汁，就是最讓人滿足的肉欲享受了。

其實，店裡還有更生猛的牛舌刺身，只是我去的那天剛好沒貨。如果你是真正的牛舌愛好者，應該不會拒絕這樣的誘惑吧？

牛丸潘安

文／楊不歡　攝影／高憶青

牛肉丸這種多由男性操辦的傳統食物，似乎一直輕輕捶打著潮汕人的性別意識：誰說女人就該包辦廚房與家務？給我打牛肉丸去！

　　對我這種肉類基本教義派來說，所有「肉製品」都遠遠不如真正的肉，甚至不配稱為肉，例如各種腸類、午餐肉和丸子──牛肉丸除外。

　　我至今還記得，好些年前第一次從家鄉帶去牛肉丸，煮給學校的室友品嘗時的場景，那時潮汕牛肉火鍋還沒有像現在這樣紅遍大江南北，我的室友們也是第一次吃牛肉丸這種東西。其中北京室友先從鍋裡撈了一個，她咬了一口，然後很快一臉驚恐地把牛肉丸吐出來，問我說，這牛肉丸是不是沒煮熟。我疑惑地撈了一顆試了試，對她說，不會呀，這煮得剛剛好呀。她的眼中依然寫滿了大大的懷疑，認為這食物有點兒不對。後來我才明白為什麼。在她的認知中，肉製品食物應當是軟的，像火腿腸、午餐肉，以及大多數我們丟進火鍋的製成品那樣，煮熟之後會變得更軟；而牛肉丸一口下去過於筋道，那種彈力讓她懷疑這個食物是不是沒

煮好，或者本身新鮮度就有問題。後來不管我怎麼解釋，她也不敢再嘗上一口。那包牛肉丸被另外兩個室友一掃而空。

　　我的牛肉丸有錯，錯在太有彈性了。而這種彈性來自於千錘百鍊。牛肉丸最早為世人所熟悉還是因為周星馳的《食神》，湯汁一噴不可收拾、治好了厭食症患者的牛丸，背後是莫文蔚用她驚人的腕力，把每塊牛肉用鐵棒平均捶打了26800多下。

　　而在印象中，莫文蔚是我見過的唯一一個做牛肉丸的女性──由於捶打牛肉丸需要很大的力氣，我記憶中做牛肉丸的都是男人。

　　牛肉丸的製作，乃至牛肉廚房，一向給我一種野性的感覺。本地有名的牛肉火鍋店，在高速路口腳下接近鄉郊的地方，顧客驅車趕來，停車的空地旁邊就是養牛場。隔著用鐵皮遮住的縫隙向裡面

張望，能聞到一股牛糞味。離開空地走進一個搭起來的大棚，裡面熱鬧地擺著幾十個圓桌；大棚前的玻璃窗隔出一塊透明的灶台，裡面的師傅十個有九個光著膀子。剛殺下來的牛肉是深紅色，帶著點白肥，堆在案板上，肉眼可見地不停跳動著——就是新鮮到這種程度。城內那家以做牛丸出名的老店，門口放一排檯子，每張檯子前有一位師傅在打牛肉丸。啪啪啪啪，節奏均衡，冬天時還穿著廚師服，夏天乾脆就讓一批大漢赤膊上陣，肌肉最發達的坐在最中間，振臂舉棒如同敲響戰鼓，偶爾濺起一兩顆紅色的牛肉末，飛到他們身上。這是秀給誰看！一吸鼻子，全是生牛肉的血腥味道。

潮汕地區民風保守，重男輕女的風俗不時為外人所詬病。而牛肉丸這種多由男性操辦的傳統食物，似乎一直輕輕捶打著本地人的性別意識：誰說女人就該包辦廚房與家務？給我打牛肉丸去！

事實上在工業化時代，大多數牛肉丸的製作早就演變成高效也有質量的半人半機打，店鋪門口的手打牛肉丸真人秀，通常只是表演。古代的食肆就有豆腐西施、當壚沽酒一類故事，美人巧笑情兮招徠顧客，而如今男女平等時代，倘若有幾個「牛丸潘安」，讓客人在齒頰留香之餘賞心悅目，也沒有什麼不對。

然而在野性之外，潮汕的牛肉丸製作又留有一絲精緻和講究。之前網上流傳一張潮汕牛肉火鍋的解析圖，把一頭牛的模型分割成幾十個部分，每一個部分有不同的名字，切出來的牛肉味道、口感都不一樣，其精細考究令人咋舌。而牛肉丸本身已經是火鍋台上一道不落人後的單品，當中又可

再分類。為人熟知的是肉丸和筋丸，肉丸是最原汁原味的，一口下去口感均勻，肉汁迸發；筋丸則是在牛肉中加了一些嫩筋，吃起來更有嚼勁，而且牛肉味更濃。另外還有生丸和熟丸的分類法：熟丸是我們平日常見的，棕灰色的大丸子，丟到鍋裡，燙熱了就能吃；而生丸則顧名思義，是剛打好的粉色的、軟軟的肉丸子，直接丟進冷水鍋裡開始煮，看著它逐漸變色翻騰，直到浮上水面。這兩者的味道又千差萬別，前者更筋道，後者更脆更嫩。至於口味就更是百花齊放了：汕頭那麼多牛肉丸的品牌，各家的調味料、打法，甚至大小都不一樣，煮出來的味道也是各不相同，若要說誰家的最好吃，恐怕只有一家家試過去挑出自己最心儀的了。

畢業以來各自漂泊，舊友聯繫的機會也很少，不知道後來在潮汕牛肉火鍋紅遍大江南北的熱潮中，我的室友有沒有重新認識牛肉丸這種食物。而我依然背著那包牛肉丸前行。熟食裝在透明的真空壓縮袋裡，越過萬水千山，和我一起回到那個小小的租屋處，打開門第一件事是先把它放到冰箱的冷凍庫裡。懶得下樓的時候，夜深肚餓的時候，用白水煮幾顆。開鍋了，白汽蒸騰，拿起一根筷子，頂住其中最大一個，使一點陰力，將它戳過去，串在筷子上。送到嘴邊，燙；小心翼翼地用牙一點點咬開，香氣撲鼻，彷彿撕開了什麼香袋。咬開之後吹兩下，很快就能入口了，一大塊下去牛汁四射，倔強的牛脾氣還在你的口腔中一點點反彈。筋道、剛猛、倔強，潮汕牛丸的性格，漂泊在外的潮汕人才會懂。

潮汕牛肉火鍋
接頭暗語

文／王琳　攝影／高憶青

牛肉丸的最佳食用場景是在潮汕牛肉火鍋裡，
沒吃過潮汕牛肉火鍋，
你就不知道牛肉的分類還能這麼細緻講究。
潮汕人對牛肉的新鮮度有著極高的要求，
牛肉要現宰現切，
刀功也是考驗一家牛肉火鍋好吃與否的關鍵要素。
在潮汕，
關於牛肉的部位還有一套專門的語言系統。

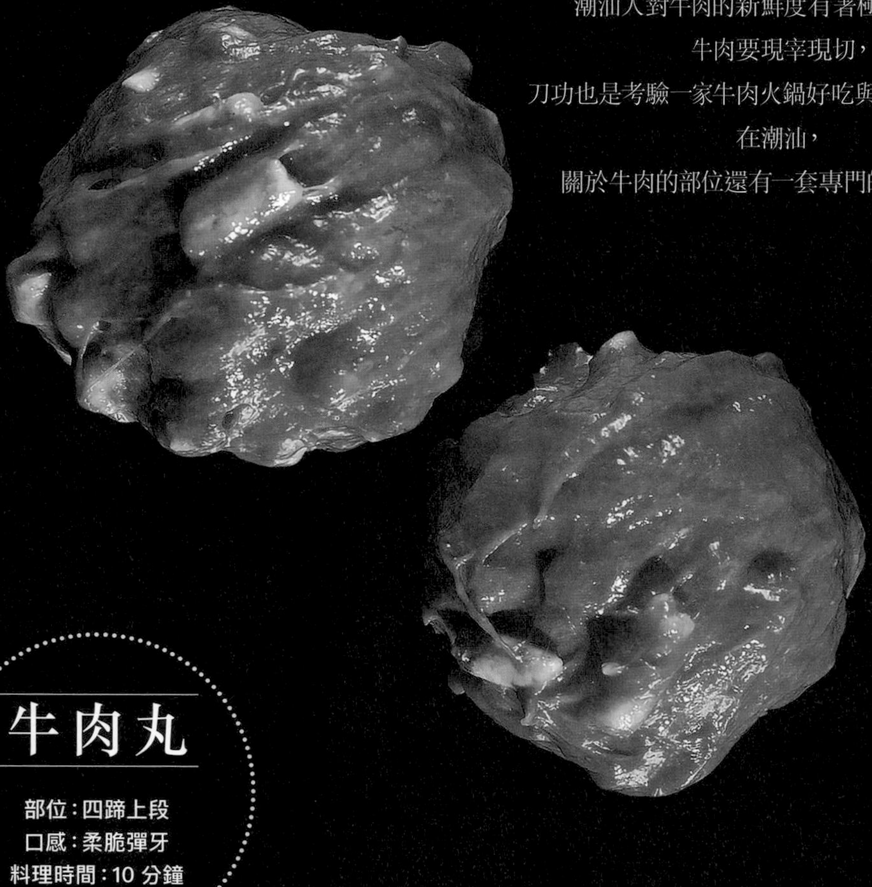

牛肉丸

部位：四蹄上段
口感：柔脆彈牙
料理時間：10 分鐘

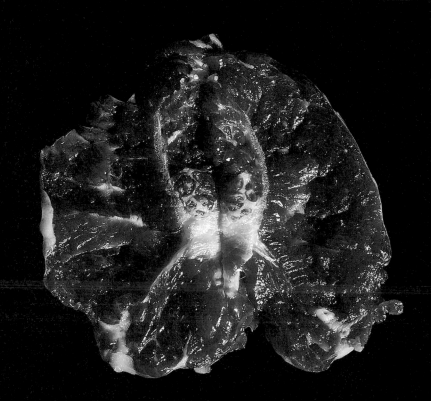

三花趾

部位：前腿上部
口感：紋理分明，肉質酥脆
料理時間：6~10 秒

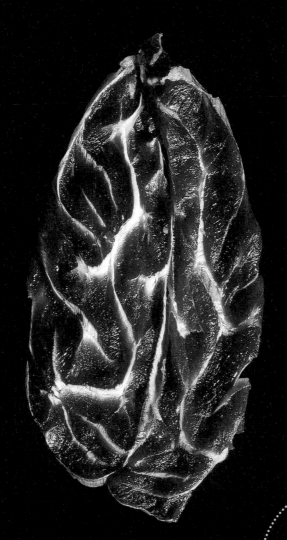

五花趾

部位：後腿上部
口感：肉裡包筋，口感脆彈
料理時間：6~10 秒

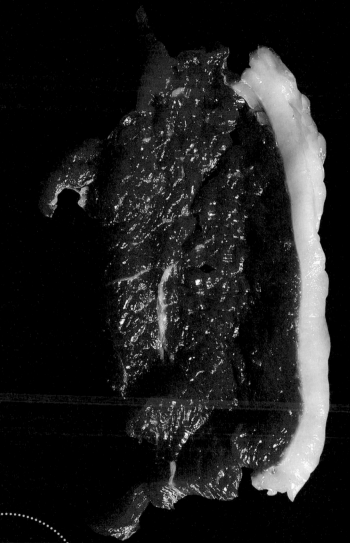

雙層肉

部位：腹部夾層
口感：肉質鬆軟，口感圓潤
料理時間：8~12 秒

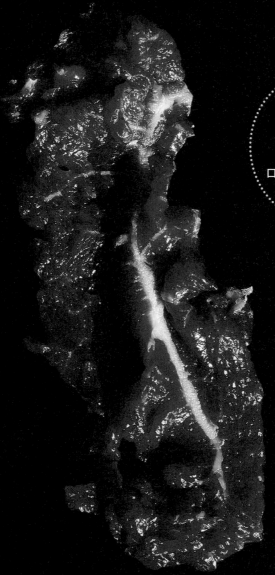

匙柄

部位：肩胛里脊肉層
口感：口味鮮甜，嚼勁適中
料理時間：8~12 秒

吊龍

部位：脊背
口感：豐滿濕潤，滋味鮮甘
料理時間：8~12 秒

嫩肉

部位：臀腿
口感：細嫩可口
料理時間：8~10 秒

為了燉牛尾去私奔

文／蔣小娟　攝影／陳超　插畫／Tiugin

海明威說隆達是最適合私奔的地方，但以他對肉食的熱愛，大師這麼說恐怕是因為惦記那道燉牛尾吧。

西班牙真是一個花裡胡哨的國家，地中海的豔陽照得人睜不開眼，滿城橘子樹興高采烈地掛滿果實，還有濃烈好看的男男女女。吃的也花哨：海鮮飯端上來，熱氣騰騰一大鍋的人間煙火；下午4點，大家都停下來喝熱巧克力；就連喝杯紅酒，也非要混進橙子、蘋果、桃子，做成 Sangria（一種西班牙水果酒）。一個國家的食物，多多少少都帶有這個國家的氣質。日本壽司清冷，印度咖哩豔麗，德國豬腳樸實厚重，而西班牙菜像極了這個國度的熱烈任性、漫不經心。

著名作家海明威一生都極其熱愛西班牙，喜歡在這兒吃烤乳豬，喝大酒，追姑娘。二戰時他參加了馬德里保衛戰，順帶著追到了第三任太太。當然也有人說，海明威在馬德里追到了第三任太太，順帶著參加了保衛戰……總之，大師抱得美人歸，

同時欽點西班牙為最適合私奔的國度，並給出了詳細的私奔指南：「如果你想要去西班牙度蜜月或跟人私奔的話，隆達是最合適的地方，整個小鎮目之所及都是浪漫的風景……如果在隆達度蜜月或私奔都沒有成功的話，那最好去巴黎，分道揚鑣、另覓新歡好了。」

海明威筆下的隆達小鎮坐落在裂谷峭壁之上，開車沿著窄小石子路，循「360度托馬斯全旋」般風騷的路線行駛方能進入老城。純白的小鎮看起來天真無害，但不要被蒙蔽了，它可是西班牙鬥牛傳統的發源地。至今這裡還保有西班牙最古老的鬥牛場，演出季一票難求。

鬥牛這件事兒，太西班牙了，除了它沒有哪個國家能誕生這個暴烈與優雅並存的競技遊戲。西班牙人的解釋居然是，發明鬥牛是因為我們有伊

比利亞公牛啊！沒錯，為了爭奪富庶的伊比利亞半島，北非摩爾人與西班牙本土人來來回回打了8個世紀。窮兵黷武的時代，騎士們在狩獵中發現了伊比利亞野生公牛。他們吃驚地發現這種牛被獵殺時很少逃生，而是選擇戰鬥，並且永不退縮，至死方休。這十足的「牛脾氣」，稱得上高貴勇敢了。

既然成了西班牙傳統，鬥牛就催生了一條產業鏈——有專門的養牛場為鬥牛表演提供足夠的牛。這些伊比利亞牛散養在草場林間，受到最好的照料。但並不是所有的牛都能成為鬥牛，要經過嚴格的選拔，最健壯勇猛的牛才能送去鬥牛場。送去的牛99%無法生還，僥倖鬥贏鬥牛士的可以獲得赦免，算是從修羅場裡逃生。被鬥牛士刺死的，

> 這道燉牛尾的調味中有源於地中海的月桂和阿拉伯人帶來的番紅花，它們缺一不可。

之後會被送去屠宰場，賣給肉鋪。殘忍吧……但也正是這些牛，成就了異常美味的一道料理：燉牛尾。

做燉牛尾的材料很簡單：新鮮牛尾、紅酒、各式蔬菜，蔬菜無固定品種，全看廚師心情。燉牛尾剛起鍋時肉汁飽滿，嚼起來完全不費勁，比牛肉更加鮮嫩。中國江浙一帶流行吃「划水」，也就是魚尾巴。魚在水中全靠尾巴使力游動，所以中國人說這是一塊「活肉」，是魚身上最好吃的部位。相比牛排的厚實感，「活」也是對一道燉牛尾的最佳褒

獎。吃光牛尾，用麵包擦一遍盤中的湯汁，方不辜負那頭壯烈犧牲的牛。

西班牙守著伊比利亞半島，地理位置實在讓人羨慕嫉妒妒恨。大西洋與地中海一左一右，越過庇里牛斯山脈就是歐洲大陸，穿過直布羅陀海峽就是北非，所以西班牙人的餐桌格外豐富、混搭。而且不同的大區（比省更高一級的大行政區）有自己的飲食傳統，當地人深以為榮。像巴塞羅納領銜的加泰羅尼亞就振振有詞：海鮮飯是加泰羅尼亞的，不存在西班牙海鮮飯！瓦倫西亞則甩出兔肉燴飯，表示海鮮飯有什麼了不起的？！塞維亞說來了我這兒，得吃烤乳豬摔盤子；不遠處的托雷多不屑，堅持烤羊腿才是王道。吵吵鬧鬧，一盤散沙，恐怕也只有伊比利火腿能團結所有地區，一統西班牙四分五裂的美食版圖。

而隆達所在的安達盧西亞大區，歷史上伊斯蘭教與基督教鬥爭了幾百年。摩爾人打過來，在這兒建起了皇宮與清真寺；馬德里的伊莎貝拉女王再舉兵光復，拆了清真寺，建教堂。阿拉伯的統治最終被消除，但是日常三餐裡的阿拉伯印記卻保留到了今天，比如：這道燉牛尾的調味中有源於地中海的月桂和阿拉伯人帶來的番紅花，它們缺一不可。

綿延百年的宗教戰爭，在一道菜裡終於握手言和。要不說，愛吃的人都熱愛和平。

還有，那些聽信海明威忽悠來隆達私奔的人，一定會被這道燉牛尾蒙住心竅，哪裡還顧得上談情說愛，只想在滿口牛脂中渾然忘我地吃成一個胖子。

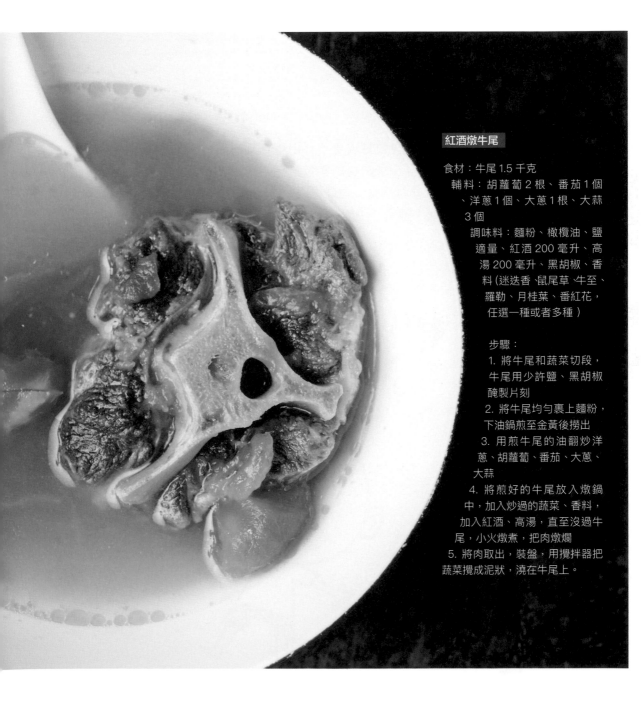

紅酒燉牛尾

食材：牛尾 1.5 千克

　輔料：胡蘿蔔 2 根、番茄 1 個
　　　、洋蔥 1 個、大蔥 1 根、大蒜
　　　3 個

　調味料：麵粉、橄欖油、鹽
　　　適量、紅酒 200 毫升、高
　　　湯 200 毫升、黑胡椒、香
　　　料（迷迭香、鼠尾草、牛至、
　　　羅勒、月桂葉、番紅花，
　　　任選一種或者多種）

　步驟：
　1. 將牛尾和蔬菜切段，
　　牛尾用少許鹽、黑胡椒
　　醃製片刻
　2. 將牛尾均勻裹上麵粉，
　　下油鍋煎至金黃後撈出
　3. 用煎牛尾的油翻炒洋
　　蔥、胡蘿蔔、番茄、大蔥、
　　大蒜
　4. 將煎好的牛尾放入燉鍋
　　中，加入炒過的蔬菜、香料，
　　加入紅酒、高湯，直至沒過牛
　　尾，小火燉煮，把肉燉爛
　5. 將肉取出，裝盤，用攪拌器把
　　蔬菜攪成泥狀，澆在牛尾上。

牛肉，童年零食之巔

文／王琳　攝影／阿樹

小時候，牛肉零食一般不會輕易現身，只出現在某幾個特定時刻，如學校郊遊、旅行、運動會，只有在拿到高額零食基金的時候才能狠心將它裝進購物車。在其他小朋友吃著「真素食」香菇牛肉的時候，撕開一包牛肉乾，馬上會收穫一堆餓狼般的目光：擁有了牛肉零食，你就是班裡的「花輪同學」。

沙嗲牛肉片

沙嗲為什麼叫沙嗲，幼小的我困惑了好久，後來終於知道沙嗲是指馬來西亞的燒肉串。它的靈魂是蘸一層花生醬、椰醬、幼蝦製成的沙嗲醬，從串到片，好吃的精華都保留了下來。

手撕牛肉

手撕牛肉有兩派，一種是內蒙古大草原的手撕風乾牛肉，香但是費牙口，適合牙徹底長齊的小朋友食用。四川系手撕牛肉就比較溫和，順著牛肉肌理能輕鬆撕成條。

牛肉條

牛肉條只是眾多牛肉乾裡的一個形態，但是長條狀勝在有手感，取出一條慢悠悠地吃著，一時半會不用揍手，是牛肉零食的休閒時刻。

牛肉粒

包成糖果一樣的牛肉粒，一度出現在我家過年的糖果盤裡，但凡出現會馬上取代巧克力、水果糖、軟糖，成為最受歡迎的零食，所到之處只留下花花綠綠的包裝紙一堆。

牛肉脯

牛肉脯最適合追求「平淡」口感的牛肉零食愛好者，牛肉打成肉糜再重新壓製成型，吃起來不費力，牛肉零食的精華還一點兒不落。

牛肉棒

「母親牌」牛肉棒贏在洗腦般的出現頻率，電視廣告裡它霸占著黃金檔，在超市它把守著各個角落，一般小朋友很難抵擋誘惑，即便長大成人，說起牛肉零食時第一反應還是它。

肉，碳水化合物的靈魂伴侶

文／王琳

戒碳水，是世上最殘忍的三個字，殘忍程度直逼「我不喜歡你」。沒有了碳水的相伴，再好吃的肉都會寡淡無味，肉和碳水化合物是世界上最美妙的食物組合，是上帝送給我們的最好禮物，是全人類的多巴胺。

饃
手揉的飥飥饃,煮
完以後不爛糊,內
芯還保留筋骨。

粉絲
泡饃的必備配菜,
豪華版會加木耳、
黃花。

羊湯
湯為「破湯」——原湯
和水的混合物,一般頭
湯最為濃稠。

羊肉
肉要煮得軟爛,
每碗一兩到二兩
不等。

香菜
自帶清香,可以
化解羊肉的羶味。

肉夾饃與羊肉泡饃的偉大傳說

文／張佳瑋　　攝影／高憶青

肉夾饃和羊肉泡饃，西安美食的兩大「扛霸子」。它們之間有怎樣的愛恨情仇？張公子有話說。

這是個很久很久之前的故事了。

有一天，肉夾饃大王正和臘汁肉皇后親熱，彼此吹捧，君王好生勁韌，臣妾天然香濃，兩情融洽真乃天作之合，你中有我我中有你。不巧不曉事的青椒侍衛闖進寢宮，打斷了海誓山盟。侍衛氣急敗壞、火衝上腦，滿身的鐵板燒味，跪下奏道：「君王聽稟，大事不好。咱們美麗的堅韌的清脆的性感的饃饃公主，在遠嫁牛肉泡饃王途中翻了船，被羊肉泡饃王抓走了！」

肉夾饃大王勃然大怒，拍床而起。披上袍服，掩蓋赤裸的背部，喝令侍衛：「快令太尉辣椒去整治軍隊！快令丞相香菜去發布檄文！我們要即日出征，遠征羊肉泡饃國，奪回我們的公主，屠盡他們的城邦，把所有的泡饃都粉身碎骨、扔進羊湯！」

青椒侍衛小心翼翼地說：「君王，羊肉泡饃本來就是掰碎了扔羊湯……」

肉夾饃大王一瞪眼：「咄！寡饃饃難道不知？寡饃饃才不會讓他們泡得那麼悠哉。他們不是愛泡嗎？寡饃饃就湯下加火，把他們都泡散了！此乃鼎煮之刑！」

青椒侍衛小心翼翼地說：「君王，這叫寬湯煮饃，又叫水圍城……」

肉夾饃大王斜睨著青椒侍衛說：「小子，叫你辦事不去辦，盡跟寡饃饃折騰什麼呢？嗯？你好像對羊肉泡饃很熟啊，嗯？」

青椒侍衛嚇得狼狽而去。臘汁肉皇后款款下床，輕撫肉夾饃大王：「大王息怒，臣妾有一句話，本不知當不當說，但料大王寬宏大量，一定會允臣妾但說無妨，臣妾就說了。這羊肉泡饃國山高路遠……」

肉夾饃大王嘿嘿一笑，他攬著臘汁肉皇后道：「梓童多慮了，國凶戰危，寡饃饃豈有不知？你以

為寡饃饃真的笨到為了一個饃饃公主，就要冒此大險？這本是天大的良機。牛肉泡饃王丟了面子，一定肯出兵相助。何況有你父親臘汁肉那一族的支援，我們乘此機會，剿滅羊肉泡饃，從此千秋萬代，一統饃饃；饃饃掃六合，虎視何雄哉？」

「諸位饃饃，你們從小就明白，生為一個饃饃，一個健康壯實堅韌白淨的饃饃，是何等幸運。我們每個饃饃來到世間，都是為了尋找屬於他或她的那份臘汁肉，你中有我我中有你，相濡以肉汁，來達到饃生的大完美。而現在，我們的饃饃公主，居然被羊肉泡饃王劫走了。她將永遠無法找到相配的臘肉塞在肚子裡，而得被掰得粉身碎骨，下在羊湯裡，被慢慢泡散……這是何等的殘酷？饃饃們，為了肉夾饃的尊嚴，為了讓世上的饃饃不再受被羊湯浸泡的苦刑，我們就此誓師，剿滅羊肉泡饃！—嗯，香菜丞相，你這個檄文寫得甚好，辭氣慷慨，通俗易懂，富有煽動性。怎麼，辣椒太尉你為什麼滿身通紅？你說什麼？寡饃饃這是假私濟公別有所圖？寡饃饃這是在犧牲所有饃饃來滿足一個饃饃的野心？寡饃饃看你是老了，連辣椒本該有的血性都沒了……寡饃饃現在就把你貶為小卒！青椒侍衛何在？你給寡饃饃抹二斤辣椒醬，從此升為太尉！——等等，寡饃饃是不是忘了關這個……這個話筒怎麼關來著？」

「啟奏君王！牛肉泡饃大王願意出兵相助，業已點兵出發，相約在羊肉泡饃國都城會師！」

「好，去吧！」

「啟奏君王！前方有一大河羊湯相阻，怎麼渡河？」

「好簡單嘛，我們有十萬雄師，派一千饃饃泡在羊湯裡，搭成浮橋，讓大軍渡河！」

「君王，我們這麼做會不會……」

「會什麼呢？快給寡饃饃實行！」

「啟奏君王！我們抓到了一群降兵。他們自稱是從羊湯的鼎鑊旁逃出來的饃饃。他們說已經受夠了羊肉泡饃的日子，說寧為肉夾饃死，不為羊肉泡饃生！」

「妙哉！快，先給他們找相配的臘汁肉填好肚子，讓他們成為我們的一員，然後編入教坊樂藝團，唱歌、演戲，來宣傳我們是正義的，羊肉泡饃是邪惡的！」

「啟奏君王！我們遇到了一群平民饃饃。他們說，既沒見過臘汁肉，也沒見過羊湯，只想一輩子當普通饃饃。」

「這可不行。快跟他們說臘汁肉可好了，比當普通饃饃強多了。把他們肚子裡都灌上臘汁肉，久了他們自然會習慣的。」

肉夾饃大軍開到了羊肉泡饃大王城下。肉夾饃大王揚鞭喝道：「羊肉泡饃，快快肉袒出降，自備湯鍋，寡饃饒你全城饃饃不死！」

肉夾饃大王問青椒丞相：「寡饃視力不好，城頭這個是誰？」

「君王，那好像是饃饃公主啊……」

「是嗎？……」

「等等，她好像要說話了……」

饃饃公主說：「我的父老鄉親，我的親饃饃們，你們為何來此？你們豈不知道，這是一場騙局？」

肉夾饃大王一皺眉：「她說什麼呢？」

「饃饃們，生為饃饃，並不一定得按照一種饃生繼續。為什麼我們每個饃饃都得被劃開肚子，灌進臘汁肉呢？為什麼在此之前，我們要滿足臘汁肉丈母娘的種種苛求，給臘汁肉丈母娘買房子買車送聘禮，才能完成這約定俗成的禮儀呢？為什麼我們就不能沐浴在羊湯鍋裡，享受另一種溫暖呢？」

肉夾饃大王生氣了：「太有傷風化了，她在宣揚什麼價值觀？」

「饃饃們，我在這裡很幸福。我喜歡羊湯的溫暖，加糖蒜，加辣醬，撒點胡椒粉兒，擱點蔥花⋯⋯這都無妨，因為我依然是個饃饃，這是我自己的選擇。是誰從一開始就規定了我們饃饃應該如何生活？用強硬的條令，用各種成見和約束，逼迫我們去劃開肚子，接受臘汁肉？我們難道不應該有自己選擇生活的權利嗎？」

肉夾饃大王頓足捶胸：「就知道女生外向！不管多麼錦衣玉食，被別的湯一泡就五迷三道，翻臉不認饃了！」

「饃饃們，想一想吧。我們只是有的被灌進了臘汁肉，有的被扔進了羊湯，才有了不同，其實我們都是饃饃，本是同鍋生，相煎何太急？」

「饃饃們，你們一路走來，那些犧牲掉的饃

饃，那些在羊湯裡被泡散了的，不也是另一種人生嗎？君王不在乎你們是不是變成泡饃，他只在乎自己。」

「饃饃們，如果你們回頭看看君王，會發現他背上也有跟你們一樣的痕跡——虎背菊花，他本也是一個普通的饃饃。他就是為了掩蓋自己的平凡，才會對征服其他饃饃如此狂熱！」

肉夾饃大王發現，所有的饃饃都開始注視他。

「饃饃們，你們的盟友牛肉泡饃和羊肉泡饃並沒有本質的不同，只是君王需要聯合一方打垮一方而已；你們的香菜丞相其實夾在饃裡和撒在湯裡都可以，只是他需要這樣宣揚而已。饃饃們，放棄成見吧！——你們有自由的權利！」然後，一陣大亂。

此刻，肉夾饃大王躲在一個角落裡，喘息未定。臘汁肉皇后依然陪伴在他身旁。

「出啥事了都？」他問。

「牛肉泡饃大王和羊肉泡饃大王私下訂了協約，臨陣倒戈了。」

「這混蛋！」

「香菜丞相也叛變了。他本來就是牆頭草。」

「難怪那麼多人都說香菜味道有點怪！」

「我們隊伍裡許多饃饃其實是臥底。於是……」

「哎，不用提了。眼下我國破家亡，到何處去呢？」

「臣妾本也想永遠服侍大王，但饃饃和臘汁肉其實也沒法天長地久。能在一起的日子總是緣分，緣分盡了，也就罷了。臣妾只能送大王到這裡了。願大王福壽康寧。」

肉夾饃大王成了一個普通的饃饃。他漫步在多風的大地上，變成了一個乾饃饃。於是他跳進了一條漂浮著蔥花、辣椒末的羊湯河。隨波逐流之後，他變得蓬鬆柔軟。他浮在湯麵上仰望天空，想：

「這樣的饃生其實也不壞，對吧……」

遠處漂來一片臘汁肉，他側頭，看見了，大驚。

「梓童？」

「你叫誰哪？你又是誰？」臘汁肉問。

「我是……我是……」

他想不出怎麼說，因為他不再是大王了，只是一個普通的肉夾饃。

「算了，我是什麼很重要嗎？哎，你願意和我在一起嗎？」

「一個泡饃和一塊臘汁肉在一起？有這種做法嗎？」

「那又怎麼樣呢？」他說，「想一想吧。饃饃們只是有的被灌進了臘汁肉，有的被扔進了羊湯，才有了不同，其實我們都是饃饃而已。」

「說得還有幾分道理……」

「饃饃和臘汁肉其實也沒法天長地久。能在一起的日子總是緣分，緣分盡了，也就罷了。我們能有緣在一起，別問是非，就珍惜眼前時光吧，如何？」

「我一直聽說肉夾饃比較老成比較紮實，泡饃比較漂浮比較鮮活。敢情你就是那種泡饃嗎？」

「哎，其實我以前也是個脆韌鮮爽、肉汁稠濃的肉夾饃來著。」

「真的？」

「嗯，這是個很久，很久以前的故事了。」

| 掰一碗合格的泡饃 |

—準備—
取兩個白饃。

—掰—
將饃拿起一分為二。

—掰—
把饃一分為四。

—撕—
從中間把饃撕成兩片。

—掐—
將饃掐成黃豆粒大小。

—抖—
查看有沒有大塊的饃粒落在碗裡面。

燒麥燒賣，傻傻分不清楚

文／李舒

中華大地五千年，被一顆燒賣統治了。

桃之夭夭，灼灼其華。桃花開時，你能想到什麼？我只能想到桃花燒賣，這是屬於一個美食愛好者的浪漫。

從前寫《潘金蓮的餃子》，特別分析過燒賣，這種吃食在《金瓶梅》裡只出現了一次，卻是西門慶和清客們的家常飯食：「那應伯爵、謝希大、祝實念、韓道國，每人吃一大深碗八寶攢湯，三個大包子，還拈四個桃花燒賣，只留了一個包兒壓碟兒。左右收下湯碗去，斟上酒來飲酒。」

最早在文學作品裡出現「燒賣」一詞大約是《快嘴李翠蓮》：「燒賣匾食有何難，三湯兩割我也會。」《快嘴李翠蓮》是宋元時期的作品，所以在那時，「燒賣」已經是十分常見的麵食了。不過，這種食物似乎見過許多種稱呼，有「燒麥」者，「燒賣」者，亦有「稍麥」者。元代高麗出版的漢語教科書《朴通事》上記載，大都（今北京）午門外的飯店裡有「稍麥」出售。對於「稍麥」，還有兩段註解，一為：「以麥麵做成薄片，包肉蒸熟，與湯食之，方言謂之稍麥。麥亦作賣。」二為：「以麵作皮，以肉為餡，當頂作為花蕊，方言謂之稍麥。」

清人郝懿行不這麼看。他認為，「稍」是「稍稍」的意思，「言麥麵少」。因為「稍麥」裹著肉餡，外皮很薄，由此得名。郝懿行的時代，燒賣的稱呼簡直五花八門，除了上述三種，還有「稍梅」、「紗帽」「捎美」等稱呼。

「捎美」來自清末民初薛寶辰的《素食說略》：「以生麵捻餅，置豆粉上。以碗推其邊使薄。實以髮菜、蔬、筍，撮合。蒸之。曰捎美。」薛寶辰是陝西人，這個做法應當也是陝西做法。「稍梅」的稱

呼出自湖北，我覺得大概是因為成品似梅花而得名。「紗帽」是上海嘉定的說法，《嘉定縣續志》云：「以麵為之，邊薄底厚，實以肉餡，蒸熟即食，最佳。因形如紗帽，故名。」

桃花燒賣是明代的家常小吃，不僅《金瓶梅》中出現過，《萬曆野獲編》亦有。所謂「桃花」，應該取的是燒賣之頂穗猶如綻放桃蕊，和古人所說的「當頂作為花蕊」相合。明清小說裡，燒賣出現的次數很多，比如《儒林外史》第十回：「席上上了兩盤點心，一盤豬肉心的燒賣，一盤鵝油白糖蒸的餃兒。」清朝乾隆年間的竹枝詞有「燒麥餛飩列滿盤」的說法。李斗《揚州畫舫錄》、顧祿《桐橋倚棹錄》等書中均有「燒賣」一詞出現。

燒賣的流傳方向，是由北而南，因為餡料的不同，出現了種類不同的燒賣。比如，我在北京內蒙古駐京辦吃的燒賣還保留著古人的風味，熱騰騰上桌時，薄如紙的燒賣皮內包著一大團羊肉，咬一口，滾燙而鮮美。只可惜一次只能吃一兩顆，我帶過一些生的回家蒸，很奇怪，沒有在店裡吃的有風味。

南方人的燒賣裡有浸泡蒸熟的糯米，再配上豬肉餡料炒製而成。在我的燒賣地圖裡，上海的下沙燒賣是當之無愧的第一。第一次吃，簡直驚艷，精髓在裡面細碎碎的筍丁，還有若有若無的一點肉皮湯，一啖，真正鮮掉了眉毛。這幾年滿大街都是「下沙燒賣」，分不清哪家正宗哪家偽劣，媽媽曾經給我買過一次，裡面居然加了醬油，一股醬肉包的味道。

看來，就連燒賣也是「人生只若初見」啊！

上海生煎地方誌

文／令狐小

在上海，吃生煎饅頭是有鄙視鏈的。

在海派點心界，上海人對待生煎的態度與其他食物不同。

首先是名字。要叫「生煎饅頭」而不是「生煎包」，有別於北方的包子。肉包子、肉饅頭可以混叫，但是「生煎饅頭」不能。

接著是身分。儘管同大餅、油條、豆漿一樣出身草根，但由於起源於茶館用以佐茶，生煎的身分是一種休閒點心──這份休閒是上海小資界的初代代表。比如張愛玲，路遇癟三搶劫，一半的生煎饅頭落了地，另一半也要「連紙包一起緊緊地」搶回來。

關於生煎的製作，長久以來都是個熱門話題：外皮是全發酵還是半發酵？肉餡是清水派還是渾水派？褶子收口是朝上還是朝下？想要爭論的實在是太多，不得不生出一條生煎饅頭鄙視鏈。

不少老上海人覺得小楊生煎應該排在鄙視鏈底端。儘管每個來上海生活的外地居民，都是由小楊開啟生煎世界大門的。但它就像是生煎界的全聚德烤鴨，所引發爭議也最大。

作為生煎界出名的改良派，小楊生煎主打「皮薄湯多」，未經發酵的麵皮吃起來韌勁十足，加入了大量肉皮凍的內餡則汁水豐沛（即所謂的「渾水」餡），由於麵皮薄，褶子收口朝下，煎底不易破。加上花樣繁複的新式餡料以及比一般生煎大一圈的體積，很容易讓人獲得滿足感。

但在許多上海人看來，像小楊這樣遍布街頭的榮光，早幾年屬於豐裕。豐裕的生煎做法更加傳統。半發麵更厚更軟，相比小楊，豐裕總擁有更多爺叔阿婆粉絲。他們退休之後便常常散步來吃一客生煎。再配一碗豐裕招牌油豆腐細粉湯，乾濕相宜，這才吃得落胃（舒服）嘛。

當然，一部分上海人會推薦你去吃經營了數

十年的私人小店。比如人民廣場背後巷子裡的舒蔡記。從開放式的廚房可以瞧出這家店的與眾不同：比如定製的木頭鍋蓋特意加了一層鋁皮，以便能夠更完美封住鍋內的熱氣。師傅對待生煎的態度也很溫柔，一個個拎起來放進鍋裡排好，每個都是光滑的表面朝上，白得發光。時間會慢慢把生煎底烘得金黃香脆。

而四川北路的飛龍生煎，生煎個頭略大，搭配店內現燒的蟹粉酸辣湯，酸酸辣辣，更顯得生煎底板鬆脆焦香。據說這裡「不問人是找不到的。問一個可能還不行，你可以一個一個問下去，還好他們會接力指明你一條正確的小道」。

鄙視鏈高層屬於復興派老字號。

比如老西門大富貴酒樓的小吃部，據說這裡能夠吃出「幾十年前的一半味道」。生煎雖然也和小楊一樣是收口朝下，但內餡卻屬於早期更流行的「清水派」──只有法式深吻般使勁嘬才能吸得一點湯汁。

另一家是東泰祥。這裡的生煎只有鮮肉和蝦仁兩種傳統餡料，最為得意的技術是自家生煎麵皮的半發麵。這種技術是在生煎包好之後根據當天的溫度濕度靜置發酵一段時間，使麵皮柔軟蓬鬆。憑著它，東泰祥生煎成為上海唯一一個成功申請到非物質文化遺產的生煎小饅頭。

這種生煎小饅頭的皮因為發麵較久比較蓬鬆，咬開會呈現一個圓圓的規則的洞。不過，等待的時間較長，從點餐到吃到有時甚至要等四十分鐘。

在上海吃生煎，言必大壺春。

許多老上海人覺得他家最正宗，因為他一直

以來「走的是正宗的清水幫生煎路線」：麵皮要全發麵，揉好麵後專門發酵，包好生煎後還要再發酵。這使得麵皮厚且暄軟。肉餡不怎麼加肉皮凍，就是實在的豬肉餡，僅有的一點湯汁也滲入到麵皮內部酥鬆的氣孔裡了。因為麵皮厚不易破，不用費心煎褶子，所以一定要收口褶子朝上。雖然這樣像包子的生煎現在已經不多見，但在老上海人的記憶裡這才是生煎饅頭該有的樣子。「皮薄湯多？不如去吃小籠包！」但現在如果去大壺春最出名的雲南南路店，也能看到一些不好的端倪：師傅手法粗獷，油鍋下生煎一排一排地趕。以至於生煎褶子也是草草地捏在一起。一位上海爺叔痛心疾首地告訴我，過去一個個仔細捏褶子的生煎已難見到。

大壺春發源於當年的蘿春閣茶樓。這是第一家開始在茶樓賣生煎當茶食點心的店。

孔明珠曾經記載蘿春閣的老闆黃楚九當年吃到的生煎，「皮薄肉汁多，底板焦黃帶著脆感，非常好吃」。而她小時候吃過蘿春閣的生煎，也是「小巧焦香，咬一個小洞，讓鮮肉湯流進嘴，咬沾到肉汁的麵皮」。反倒是那清水派生煎，才是當年為了與蘿春閣有別，有意為之的「改良派」。看來小楊生煎才更接近於當年的生煎之王呢。

如今，越來越多的上海年輕人也開始接受新式生煎了。不知道什麼時候起，上海人的海派生煎記憶裡，討論的不再是正宗與否。如果有人覺得麵皮暄軟、汁入味的老派生煎是好吃的，那麼皮薄餡多、汁水豐厚的生煎饅頭總有一天也可以發展成像當年蘿春閣一樣受人歡迎的美味。

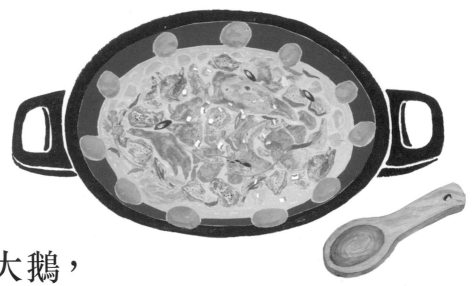

鐵鍋燉大鵝，
東北人的冬日限定

文／王琳　插畫／古谷

鵝鵝鵝，曲頸用刀割。拔毛燒開水，燉鵝用鐵鍋。

西北的大盤雞到了東北，氣勢絕對會大大減弱，這一切都因為鐵鍋的存在。鐵鍋燉系列是東北菜的重要分支，給東北人一口鐵鍋，可以燉一切。支起一口大鐵鍋，柴火棒塞進灶裡，地上跑的水裡游的，沒有啥玩意兒不能燉。但是在下雪天燉大鵝，是對鐵鍋最起碼的尊重。

天冷吃鵝，是東北人的「不時不食」，不過太瘦的鵝是沒有資格進鐵鍋的。燉大鵝的油取自大鵝肚子裡的鵝油，原油化原鵝，鵝油下鍋，翻炒鵝肉，炒到鵝肉水分收乾，鵝腥味？不存在的。

鐵鍋是僅次於大鵝的重要存在，養好一口大鐵鍋就是好吃的祕訣。東北的大鐵鍋在廚具尺寸上能秒殺全國，什麼盆子、大盤都裝不下鐵鍋燉。

直接對著鐵鍋吃，才是鐵鍋燉系列的精髓。

關於鐵鍋燉大鵝的配菜，只有一個標準，那就是：made in 東北。榛蘑、粉條、豆皮、豆腐、玉米、馬鈴薯，任君挑選。所有配菜跟大鵝一起吸滿湯汁，一鍋鐵鍋燉大鵝，還你一個鐵鍋界的「大豐收」。

圍著鍋邊貼一圈的玉米餅子，是鐵鍋系列的靈魂搭檔。軟糯的玉米餅掰開，蘸一下燉到濃稠的湯汁，別說東北人，放全國都沒人能拒絕。

最後，鐵鍋燉大鵝的最佳食用場景一定是在東北，窗外飄著雪花，窗內升騰著霧氣，吃完熱氣騰騰的鐵鍋燉大鵝，出門栽進 -30˚C 的冷冽空氣裡，冰火兩重天，不過如此。

大盤雞的江湖

文／蠻吉　插畫／突突

有雞的地方，就有江湖。大盤雞的江湖，自然也少不了血雨腥風，但所有愛恨情仇，都源於對眼前那盤雞的熱愛。

大盤雞的起源，有無數個版本。

主流說法是它誕生於柴窩堡，由一位名叫陳家喬的湖南籍滷雞店老闆發明。時間撥回到 1980 年代，柴窩堡的 312 國道旁還在修鐵路，一時間車來車往，陳家喬打算做個新菜招徠顧客，思來想去，決定以辣子炒雞擔此重任。他的辣子炒雞走豪放路線，一次用一整隻雞，裝在十幾吋的搪瓷盤子裡，剛好滿滿一大盤。這份豪放派辣子炒雞十分爭氣，推出後一舉成名，後來顧客每次來點菜就點名要「大盤雞」。

而另一個版本則將起源地引向沙灣，同樣在 1980 年代，一個改行做廚子的礦工李士林，開了家飯館叫「滿朋閣」。一次，店裡來了幾個四川人，他們嫌菜不夠辣，李士林便用辣子和雞肉為其炒了道菜，客人吃了讚不絕口。第二天，客人又來了，還

要求加量。李士林就炒了一整隻雞，找了個大盤子裝。一傳十，十傳百，後來便開始有人慕名前來吃「大盤雞」。再往後，一個叫張坤林的河南人也在沙灣開了店，並在 1992 年註冊了「杏花村」這個品牌，它成為新疆大盤雞的第一個註冊商標。

兩派各自的擁護都堅定地認本派為正宗大盤雞，但其實如果拋棄「大盤雞」這個名字，兩道菜的做法迥然不同。柴窩堡的大盤雞只放乾辣椒和雞塊，口味偏辣，很多人習慣稱之為辣子雞。而沙灣派大盤雞，必備馬鈴薯、辣子、麵、雞，有時也會放洋蔥和新疆本地啤酒烏蘇作為調味品。我們熟悉的正是沙灣派系的大盤雞。

不過出了新疆，大盤雞大多和「正宗」二字相距甚遠。一盤正宗的沙灣系大盤雞究竟長什麼樣？

|沙灣派系大盤雞的正確打開方式|

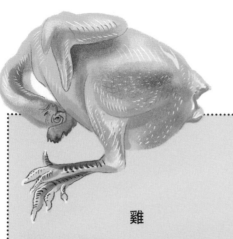

雞

製作大盤雞用的是全雞，食客可以決定雞的大小，但絕不能提出只吃半隻的無理要求。雞肉斬成大塊，搭配同樣大塊頭的馬鈴薯，讓人真正領會什麼叫「大快朵頤」。

辣子
產地: 湘川

大盤雞必加乾辣椒和青椒，紅椒也頗為常見。多重辣味在烹調過程中滲入雞肉，增加了味道的層次。食客往往吃得滿頭大汗，大呼過癮。

皮帶麵
產地: 陝西

在新疆，吃大盤雞，一定要配皮帶麵，掛麵、削麵、拉麵通通被視作異端。什麼時候吃麵也有講究，當地老饕一般會在雞吃到一半的時候才叫店家上麵。這時盤子空了一半，拌麵的人有了施展拳腳的空間，可以保證每根麵上都均勻裹挾著湯汁。

馬鈴薯
產地: 甘肅

大盤雞中的馬鈴薯不是配菜，而是不可或缺的存在。浸潤了雞汁和辣椒的馬鈴薯，軟軟糯糯，很多人吃大盤雞不是喜歡雞，而是愛這馬鈴薯。

大盤子

顧名思義，大盤雞，得用大盤子裝雞。盤子不光要大，還不能太深，這樣的盤子方便拌麵。如果在一家店吃到了邊邊角角都有磕碰痕跡的搪瓷盤，那麼恭喜你，來對對方了。

吃年糕，食肉者的本能

文／劉樹蕙　攝影／陳超

潔白無瑕的年糕切片後就像一片片的豬油，咬下去卻是軟嫩不油膩，實在是絕佳的肥肉替代品。

吃年糕的時候，就是年味最足的時候。

全村的小孩兒上午剛看完殺豬，買完熱氣騰騰的豬肉，下午就去圍觀打年糕。男人手裡的木榔頭隨著一聲聲嘿呦哼咻的號子抬起落下，因為米團強大的黏性，冒著熱氣的年糕就跟著木榔頭撕扯到空中，呼吸著臘月凜冽又充滿人情味兒的空氣，石臼裡的米香幻化成白氣，不疾不緩地往外跑，勾引著老少孩子的心。

這時候我們總相信，食物在所有人的注視下會變得越發好吃。每個人都目不轉睛地盯著，就連平時沒有耐心的頑童都能做到一聲不吭，持續看著重複一百下的動作也不犯睏。直到你置身其處，穿著厚棉衣站在南方正午的陽光下，眨個眼睛都覺得眼球泛涼的時候，你就明白了，看著一個個大叔穿單衣汗流浹背敲打年糕是一種享受。每個孩子都等著最後敲打完畢，性格好的大叔揪出來一塊放進小孩嘴裡，或者切出來一坨遁入紅糖水裡趁熱吃，開開心心吃完，最後可以一人買一排切好的年糕回家去烤著、煮著或者炒著吃。

總覺得愛吃肉的人一定愛吃年糕，粳米做的年糕，不像糯米那麼黏軟，它的彈性是有節制的。切片後像白色的豬油肥肉，咬下去卻帶著大米的甘甜，一點也不油膩。

所以它搭配的一定是豬肉和豬油，肉要瘦柴一點，和年糕的軟嫩一起吃會有很豐富的口感，再裹上遍身的豬油，四溢出動物脂肪的香味，造就吃起來不是肥肉卻甚似肥肉的口感。

這樣的年糕和豬肉就像是婦唱夫隨的一對，必須要世世代代做夫妻，年年歲歲在一起。

薺菜肉絲炒年糕

杭州人吃得清爽，春天第一陣雪過後，田埂上就開始冒出新發的薺菜，姑姑奶奶拿著剪子挑一籃，嫩的要點兒，老的也要點兒，切碎了更香。肉要里脊肉，切成細絲，不柴也不油，細細嫩嫩的現出肉最精緻的纖維，再和白白淨淨的年糕一起翻炒，一青一白，吃這個就是「咬春」了。

盤菜醬肉年糕

溫州人愛吃盤菜，他們叫它「扁菜頭」，吃起來和蘿蔔差不多，但比蘿蔔的性格要溫和不少，沒什麼辛辣，更加綿軟甘甜。切成薄薄的片備著，旁邊再拿來一條醬缸裡釀了許久的醬肉，那醬肉的瘦肉部分十分堅硬乾柴，肥肉部分又是透明的，吃起來一股臘腸味兒。熱熱鬧鬧和年糕炒一鍋，既有甘甜又有軟糯又有醬香，齊了。

冬筍火腿年糕

徽州人對待年糕的最高禮遇是搭配冬筍和火腿，有人不知道金華火腿出於徽州，在這裡，有比別處更加綿密陰沉的冬天雨季，更適合火腿的醃製。這時候滿山的毛竹也開始出筍了，冬筍以問政山筍為最佳，平日裡比其他筍要貴出一倍，可當地人吃起來毫不吝嗇。三四棵筍、一大塊火腿、幾條年糕炒一盤，或者煨一鍋年糕湯，吃下去的時候會覺得年糕都跟著昇華了。

張大千的牛肉麵

文／李舒　攝影／陳超

杭州沒有杭州小籠包，重慶沒有重慶雞公煲，四川也沒有川味牛肉麵，因為川味牛肉麵的家鄉在—台灣。

去了趟台北。街頭巷尾，最不會缺的是「川味」紅燒牛肉麵的招牌，小小一條永康街，居然能有三四家。奇怪的是，到了四川去問，當地人會鄙夷地告訴你，並無此味。內地人更熟悉的自然是蘭州的牛肉拉麵，上海人則愛喝清燉牛肉湯，連不善於做飯的張愛玲都知道，要是生病了，可以喝這個——好得快。

台北的「川味」牛肉麵，源頭當然出自眷村，而以岡山的眷村可能性最大。岡山是空軍官校所在地，官校自成都遷來，眷屬多半為四川人。丈夫們每天駕駛飛機出門——也許到了晚上，便回不來了。在家等候的眷屬們一邊提心吊膽地聽著天上的點點滴滴，一邊做著最熟悉的家鄉味道。我買過一次岡山辣豆瓣醬，味道不壞，有非常濃郁的郫縣豆瓣醬的味道，當然多了一點甜味，那是眷屬們用自己的方式思念著故土。來台初期，大家的日子自然是艱苦的，他們一邊想著「什麼時候能夠回去」，一邊努力維持著家務，讓家人孩子盡可能地補充營養。牛肉麵的牛肉，也有成都小吃「紅湯牛肉」的風格，這樣的一碗麵，濃郁而能飽腹，是典型的眷村菜。

以這樣的心情吃那碗紅燒牛肉麵，會突然感受到異鄉的滋味，身體中有某種情緒被喚醒，然後轉換著，突然便有酸楚的感情漾起。也許是因為這種來自家鄉的特殊情緒，回到台灣的張大千，才會特別愛用這道菜招待客人，畫家的牛肉麵，豐富而充滿想像，帶有豪放的樂觀。張大千的紅燒牛肉麵（正確名稱應是「黃燜」，不可加醬油）做法如下：

1. 先用素油煎剁碎的辣豆瓣醬
2. 放入兩小片薑，蔥節子數段
3. 牛肉四斤，切塊入鍋
4. 花雕酒半斤至一斤
5. 酒釀酌量
6. 花椒十至二十顆
7. 撒鹽
8. 燒至大滾，再以小火燉，約四小時
9. 煮麵
10. 分盤上桌
11. 可佐以芫荽、紅辣椒絲炒綠豆芽、鹽、糖、醋、胡椒、醬油、辣油

張大千很喜歡牛肉，除了這道紅燒牛肉麵，他還做過一道摩耶生炒牛肉，摩耶是他在台北精舍的名字，這道菜最大的特色是炒出來的牛肉潔白晶亮，與木耳黑白分明。據說某次有人向畫家求祕方，畫家說，把牛里脊肉切成薄片，用篩子在水龍頭下洗沖 20 分鐘，加少許芡粉調水，然後急火熱油與發好的木耳同時下鍋，便會有此效果。張家的餐桌上出現最多的菜則是四川小吃粉蒸牛肉，這道菜菜濃味鮮，裡面要放大量豆瓣和花椒，有些人還要放乾辣椒麵，以增加香辣。但是張大千不滿意普通的乾辣椒麵，他用的辣椒麵一定要自己做，吃的時候要專門到牛市口買著名的椒鹽鍋盔，用鍋盔夾著粉蒸牛肉吃。

愛吃到這種地步，難怪畫家曾經自負地說：「以藝術而論，我善烹飪更在畫藝之上。」

好吃的都是被丟掉的

文／王琳　攝影／陳超

內臟，是一道門檻，只有對美食有極高追求的人才能發現內臟的美，跨過它你就進入了新世界。內臟的神奇在於每一個部位都有自己的特點，口感沒有一絲一毫的重複，如果非要總結一個特點，那就是：好吃。

內臟之王

文／拳王　插畫／突突

內臟是什麼？是最燦爛的詩篇，是自由女神的火炬，是最強烈的鄉愁，是肉食世界的無冕之王。

我的朋友王睿曾經對吃內臟這事嗤之以鼻，他經常列舉吃內臟的諸多弊端，例如內臟脂肪多，吃了會長胖，內臟膽固醇高，吃多了容易得冠狀動脈心臟病，某些內臟有毒素和重金屬沉澱，等於是在搞慢性自殺。

王睿說全世界最愛吃內臟的動物是鬣狗，此君在非洲有掏肛獸之稱，專找別的動物肛門下嘴，然後活吃腸子。被牠掏腸的動物要是想逃跑，腸子就會被拉得越來越長，所以只能原地不動，任其宰割。正因為如此，鬣狗是非洲大陸最不受待見的動物，已經在 facebook 上蟬聯了 7 屆 MSOBA（Most Son Of Bitch Animal，最混蛋的動物）。

然後王睿指著我說，你這條會說四川話的鬣狗。

就此問題我跟王睿爭執過多次，我請他用平常心對待內臟，它僅僅是動物身上的一部分，你吃雞腿和吃雞腎，在本質上是一樣的。雞不會因為你把它內臟扔了而感激你。要學會換位思考，你死之後難道希望身子骨埋一地兒，內臟埋另一地兒？屍塊們最看重齊齊整整，所以在吃雞吃豬時，理應把內臟一起吃下去，讓它們在你胃裡團聚。

至於王睿對鬣狗和我的偏見，我是這樣糾正他的，我告訴他拓撲學中有一種叫克萊因瓶的瓶子，其底部有一個洞，瓶子的頸部扭曲地進入瓶子內部，然後和底部的洞相連接——這就是克萊因瓶的特質，它沒有「內部」和「外部」之分。鬣狗在非洲從肛門掏腸子，其實是一種拓撲學實踐，它是在製造克萊因瓶。一頭驢被鬣狗掏得沒有內外之分，就成了一隻克萊因驢。同理還有克萊因斑馬、克萊因水牛等等。為何克萊因因為提出克萊因瓶

而流芳千古，鬣狗卻要遺臭萬年？

王睿深惡痛絕地搖搖頭，說你們這些搞金融的，最大的本事就是顛倒黑白、不分是非，把壞的說成好的，把值 10 塊錢的說成值 1000，不然你們靠啥賺錢？

我說我可是個工科生，最看重實證精神，你要是不服氣，不如跟我走一趟，我安排一場內臟之旅，等旅行結束，你再來重新評價自己對內臟的態度。如何？

王睿答應了，他想大不了內臟口裡過，原則心中留，試圖靠吃去改變一個人的世界觀，是絕無可能的。

我倆內臟之旅的第一站，是廣東順德，那裡號稱粵菜之源，有著最卓越的廚師和最正宗的豬雜粥。

把豬雜粥選為粵菜內臟菜系的代表，也許粉腸和豬肚包雞不服。我選擇豬雜粥是基於這個原因：粉腸、豬肚包雞都是內臟和普通肉類的結合，好比你購買一支理財產品，其配置有股票、債券、現金、票據等，作為購買者你只知道整體收益，卻不知道起作用的到底是哪個投向。也就是說，哪怕王睿覺得粉腸好吃，他也可以嘴硬說是裡面的豬肉好吃，而非腸子。所以我採取了控制變量法，讓內臟成為料理的主角，讓王睿沒法找藉口。而豬雜粥就是這樣一道純粹的內臟料理。

在一個大雨滂沱的深夜，我帶著王睿來到了順德最有名的豬雜粥餐廳，它毫不起眼，廉價的塑膠方凳一看就鄰苯二甲酸酯超標（塑化劑的主

要成分，容易導致小孩性早熟），王睿說他怕性早熟，打算蹲在地上吃。但是當豬雜粥端上桌時，他又回到了座位上——我們聞不到任何腥味，豬腰、豬肝、豬心、豬舌、豬腸等豬下水的氣味被某種技藝化為無形，只剩下清幽的肉香。我們跟老闆打聽，其實就是經過簡單的醃製後放進粥裡生滾，粥裡的米膠將內臟包裹，最大程度保留了鮮嫩，入口滑如綢緞。

王睿狼吞虎嚥、上下牙齒幾乎未發生碰撞就把一碗吃光，他咂吧咂吧嘴，低調地表示再來一碗。我壓根不搭理他的訴求，拉著他頭也不回地離開了小店，王睿很是不滿，說你臭小子就那麼怕性早熟？

我說不是因為這個，我是怕你吃撐了進入賢者時間，無法對食物做出公正評價。你現在可以開始嚴肅點評了。

王睿舔了舔嘴唇，似是在認真回味，半晌後他說：「主要是米好。」

我以為變量已經夠少了，還是防不勝防。所以第一站廣東豬雜之旅不算成功，被王睿鑽了空子，於是第二站我帶他去了中國西北，青海省中西部的格爾木。

讓我們欣喜的是，格爾木這座 2017 年才計畫脫貧的貧困縣竟然有機場，從機場出來我們驅車直奔烤肉館，其時方才仲秋，沿途的雪山、冰湖和天然草場綿延接壤，時刻提醒著我們青藏高原和柴達木盆地在此交錯。

這裡有鹽橋，有石油，有塊煤，有沙漠，有森

林,有冰川,有長江,還有羊。據我的社交經驗,內蒙古、甘肅、寧夏、青海和新疆的居民都號稱自己家鄉的羊肉是最好的,不外乎就是飲山泉、吃青草,不吃飼料、性晚熟之類的原因,我個人是吃不出多大區別的,除了格爾木的羊。

格爾木豐富多變的氣候和環境造就了這裡的山羊之王,格爾木羊的羊雜可謂羊王頭頂的王冠,而皇冠上的明珠,就是格爾木的羊腰。

據說中石油的很多新員工放著大城市不留,主動申請去青海油田當工人,就是衝著格爾木的羊腰子來的。這裡的羊腰子自然是用烤的,用格爾木當地的塊煤烤。當地流行一句話:「只有兩件事會讓格爾木人動起來,一是燒塊煤時一氧化碳中毒,二是殺羊後取羊腰子。」烤肉店的夥計在殺羊的第一時間就要趁羊血未涼,把羊腰子挖出,然後對半切開,撕去腥臭的筋膜,再用簡單的調味料醃製半日,就可以上烤架了。烤時抹點羊油在腰子表面,先用大火烤焦表皮鎖住水分,再用文火慢烤。這樣烤出的羊腰子外焦裡嫩,不乾不柴,沒有任何羶味,一口咬開只見汁液,沒有鮮血。

吸取了豬雜粥的教訓,我決定將變量降低到最少,只點腰子,不點其他。王睿當日吃了整整6個大腰子,我問他好吃不,他嘴裡的腰子還沒嚼完,只能先搗蒜般點頭。我搶白道:「你總不能說是腰子裡的尿好吃吧?」

王睿沉吟良久,說他不是石油工人,不可能長期待在這裡,離開了格爾木,也就吃不到這樣的腰子了。「你這相當於拿王母娘娘的蟠桃請客,證明

不了全天下的桃子都一樣美味。」王睿強詞奪理。

他倒也不算胡攪蠻纏,要是有一天外星人想吃人腦花,確實不能把愛因斯坦的腦花端上去,這種樣本不具備普遍性。

於是我決定帶他去探尋更廣大的樣本。我們來到東北,來到黑龍江綏化市。這裡素有塞北江南之稱,是整個黑龍江的糧倉。

綏化的機械化作業普及程度很高,接待我們的東道就是綏化農業機械化學校的徐老師。徐老師介紹道,這裡的農民雖然能把聯合收割機開出路虎的感覺,但他們骨子裡的質樸是無法磨滅的。這主要體現在吃殺豬菜。

關於殺豬菜就不贅述了,總之那是所有東北遊子的大型鄉愁。經典的殺豬菜裡要加入「燈籠掛」,就是全套豬下水,但最讓東北人魂牽夢縈的是血腸,它被稱作「愁更愁」。

豬血腸的內容和製作都很簡單,無非就是殺豬時放血到鹽水裡,邊接邊攪拌,使血液不凝固,然後加入剁碎的豬油、洋蔥、鹽、薑末和香料,再灌入豬小腸扎緊,放入85℃左右的熱水中煮成血腸。

吃的時候把血腸切段,配上蒜泥蘸食。血旺閃亮嫩滑,吹彈可破,腸衣韌而不硬,口感上佳。徐老師推廣道,血腸原為滿族食品,在薩滿教祭祀時會獻給萬物之靈。薩滿教是個很有意思的宗教,簡單來講,它是一種多神教,教徒們並不篤信單一的神祇,他們相信萬物有靈。薩滿教徒是一群實用主義者,他們很好地貫徹了「多神教」中的「信者可

根據自己的需要隨意選擇特定的神靈加以崇拜」，簡單地說，要是遇到乾旱，薩滿教徒就會去拜雨神，要是準備興建一座木屋，他們就會去拜魯班，更別說一些稀奇古怪的神靈了。試舉一例，泛基督教有著行割禮的傳統，俄羅斯東正教更是有一個叫「閹割派」的支派，為奉行嚴格的禁欲，乾脆直接把教徒給閹了，但咱多神教就人性化得多，比如日本的神道教甚至有生育節，信眾在節日當天推著個大型四輪「雞兒」在街上遊行。

薩滿教徒在拜祭不同的神靈時會獻上不同的祭品，唯有豬血腸是通用祭品，任何場合都適用，它在 17、18 世紀甚至成了薩滿教的強勢貨幣。到了 20 世紀，張作霖也一度想用血腸代替官方貨幣「奉票」，以對抗民國初年的通貨膨脹。

「當然，差點成為官方貨幣並不是血腸史上最動人的傳說，血腸之所以被稱作『愁更愁』，是因為因紐特人，」博學的徐老師跟我們講，「一萬年前，因紐特人從西伯利亞一路走到東北，最後穿過結冰的白令海峽來到了北美。他們在東北接受了薩滿信仰，據研究應該是被血腸統戰了。總之因紐特人也吃血腸，他們在加拿大育空高原的冰天雪地裡吃血腸，我們東北人在綏化、延邊和鐵嶺吃血腸，可謂天涯共此時。」

「那為何叫作愁更愁？」王睿好奇道。

「大冰期結束後，白令海峽重新被海水覆蓋。因紐特人再也回不到故鄉，他們只能通過吃血腸寄託思念。你們知道薩滿巫師在祭祀儀式上會陷入類似羊癲瘋的狀態嗎？人們認為他們是在通靈，其實是因為吃了血腸而激發最強鄉愁。」

這時，徐老師夾起一塊血腸遞到王睿嘴前，熱情地告訴王睿：「來一愁。」

王睿極為不情願地吃下了這塊血腸，他緊張地握住我的手，生怕自己也犯羊癲瘋還好沒有。這下他舒了一口氣，得意地說，我就說內臟這東西不靠譜吧，什麼最強鄉愁，我也離開了家鄉重慶，吃了血腸為何沒有發羊癲瘋？

徐老師說，你不是東北人，當然不會把血腸和鄉愁聯繫起來。王睿恍然大悟，說有道理，我們的血管裡沒有世世代代流淌豬血，沒法感同身受。

徐老師說你罵誰呢！王睿連忙說我不是那個意思，你明白我的意思就行，我現在算是瞭解你們對血腸的感情了，唯一的疑問是，我理解它和鄉愁有關，可為何叫作「愁更愁」？

徐老師不言語，他只是拿過菜刀，把一整節未處理的血腸切塊。

「抽刀斷腸……愁更愁？」我和王睿齊聲吟了出來。

對於每一個東北遊子來說，血腸是切不斷的思念，回不去的家鄉。

而我們的思念在哪呢？我和王睿面面相覷。

回去吧，回到重慶去，我告訴王睿。我是成都人，而他是重慶人，雖然已是不同的行政區劃，但巴蜀自古一家，我知道他的愁緒在哪裡。

一是重慶渝北區的東大肛腸醫院，王睿在那割了痔瘡，其痛楚冠絕半生，他經常在異鄉的深夜被噩夢驚醒，汗出如漿。他們金融業的到處出差，

成天住酒店,同事都號稱自己醒來常不知身在何地,而王睿則是每次醒來都以為自己在肛腸醫院。這是鄉愁之一。

二是火鍋。

火鍋對於重慶人的意義,絕不亞於血腸之於東北人和因紐特人。王睿 base(扎根)在北京十多年,從沒吃過任何一家北京的重慶火鍋,他說不正宗——這就是王睿,可以回不去故鄉,但是絕不踏進異鄉的火鍋店一步。就好比好男兒志在四方,但是絕不碰老婆之外的女人。王睿是典型的重慶好男兒,他時常抨擊我們成都男人有飯便是爹,我說我們只是比較隨和。

王睿拒絕隨和。他離開重慶十多年,一次火鍋店都沒進過。他倒是託朋友寄了些重慶火鍋的湯底,自己在北京的家中煮火鍋、涮肉。和網上售賣的生產線產品不一樣,這是重慶火鍋店的老闆親自手工包裝的湯底,用的是老得不能再老的老油,至少 700 雙筷子在裡面攪過。我每次去到他家都能聞到厚重的牛油味,終年不散。王睿說這氣味就是他的鄉愁。

「不,王睿,你錯了,老油自然是重慶火鍋的精髓之一,但它不是重慶人的『愁更愁』。讓我這個成都人來告訴你,重慶人的『愁更愁』是啥子。」我打斷了他。

我當場就給王睿念了幾句詩:

把你,
那勞瘁貧賤的流民

那嚮往自由呼吸,又被無情拋棄
那擁擠於彼岸悲慘哀吟
那驟雨暴風中翻覆的驚魂
全都給我!
我高舉燈盞佇立金門!

上述詩句是猶太女詩人艾瑪－拉扎羅斯所作,鐫刻於自由女神基座上的銘文。自由女神又名「放逐者之母」,她高舉著火炬,給每一個在大西洋的驚濤駭浪裡被放逐到美國東海岸的新教徒、難民、悍匪和無家可歸者照亮歸途。

「扼守你們曠古虛華的土地與功勳吧!」自由女神向整個歐洲呼喊道。

這就是「放逐者之母」的精神核心,她不要偉岸浮華和奢靡,只敞開胸懷包容和接納一切驚惶者,給他們提供庇護。

是不是聯想到了什麼?

20 世紀初,在曼哈頓碼頭數萬公里之遙的重慶碼頭,發生了這麼一件事:

重慶的碼頭工人飢寒交迫,重體力勞動使他們需要攝入大量的脂肪和蛋白質,但以其微薄的收入很難吃得起肉。這難不倒勞動人民,他們每天收工後就去菜市場拾撿被丟棄的動物內臟果腹,用牛油、朝天椒和各種香料勾勒出重口重辣的鍋底,用於殺菌以及消弭內臟的異味。

這就是火鍋的誕生。

是的,火鍋就是四川人的自由女神,它不需要高端和稀有的食材,只接納被食肉糜者棄之如敝

屜的豬胃、鵝腸、雞腎、牛鞭等等。

火鍋給勞動人民提供了百年庇護，而今早已不分貴賤、成為各階層咸宜的人民美食，但它雖然登堂入室，哪怕店鋪裝修得像宮殿一樣豪華，鍋裡的靈魂永遠都是內臟。

內臟才是重慶人民的庇護所，是重慶遊子的鄉愁。所謂無毛肚不火鍋就是這個道理，當然還有黃喉、鵝腸、肚肝、腦花、牛鞭等等，不一而足。

你在北京的家中涮肉，雖得其形，不得其魂。因為你買了最好的肥牛和羊肉捲，甚至還有鮑魚生蠔，但是你忘了內臟。

既然選擇最後一站回到故鄉，那一定要去吃一頓靈魂內臟火鍋。我告訴王睿。

重慶有很多老字號的毛肚火鍋，也有號稱殺牛場直營的牛雜火鍋，每家類似的火鍋店都把自己的內臟吹得天花亂墜，比如牛鞭是水牛鞭不是黃牛鞭，還有號稱是犀牛鞭的。總之重慶人能把內臟吹出米其林美食的感覺，但我們今天並不想找一家米其林內臟餐廳，我們只想去一家重慶街頭再尋常不過的火鍋店，坐下來和百年前的重慶人交交心，感受一下被時代庇護的感覺──那個年代的碼頭工人哪去找犀牛鞭？有牛鞭就不錯啦！當工人們背對著紙醉金迷的高檔酒樓，彎著腰拾起人家棄之如敝屣的牛鞭時，可曾想過百年後的情形？牛鞭如果會照鏡子，會不會發現它變成了自己討厭的模樣？

「不要變成自己討厭的模樣。」這是我們內臟之旅最後一站的主題。我和王睿走進一家不起眼

的火鍋店，它不在徹夜不眠的南山，也不是上過央視的網紅，僅僅是朝天門碼頭旁一家孤零零的小館，7 張桌子 7 口鐵鍋，28 張老式條凳，以及廚房裡忙碌的墩子，墩子刀下的內臟。我們之所以選這裡，是因為朝天門正是火鍋的誕生地。

「毛肚、黃喉、鵝腸、牛鞭、腰片、鴨胗、肥腸、千層肚……」王睿在菜單上鄭重其事地打著勾，他當年填高考答案卡都沒這麼認真。

「不來點牛肉嗎？」我問。

「可以點，但沒必要。」王睿回答。

「不來點素菜嗎？」我又問。

「可以點，但沒必要。」王睿回答。

一旁的服務生領首以讚，他說你這位顧客暗合古人，和當年的公孫浩一個樣。

「公孫浩是誰？」我問服務生。

「公孫浩就是火鍋的創始人，一百年前，他在朝天門碼頭當棒棒（用扁擔幫客人挑重物），也幫嘉陵江的遊輪和酒樓進貨。那裡是民國名流的錦衣玉食之所，自然容不下內臟的存在。每天運完貨，公孫浩都發現大量的內臟被遺棄在碼頭，無人問津。他覺得浪費，就把內臟挑回工棚，用鐵鍋煮沸殺菌，重辣重油去腥。在重慶無數個濕冷難當的冬夜，公孫浩用滾燙的內臟慰藉工友的身心，創造性地解決了溫飽問題。所以他除了火鍋創始人的稱號外，還得了一雅號『內臟之王』，標識著他用內臟填飽大家五臟廟的豐功偉績。」

後來，在大家的簇擁下，公孫浩湊錢開了重慶第一家火鍋店，店名叫杜工部。只為杜工部〈茅屋

為秋風所破歌〉中那句「大庇天下寒士俱歡顏」，他認為他的火鍋店就是這樣的處所。

後來重慶成為陪都，在日軍的大轟炸中，杜工部火鍋店成了廢墟，據說當時人們正在店裡吃火鍋，聽到防空警報響起，大家作鳥獸散，紛紛衝向防空洞，唯獨公孫浩依舊坐在廚房裡翻洗著毛肚，他在盆裡加入食鹽和白醋，把毛肚肚葉層層抻順，然後細細揉搓，彷彿歲月靜好。

「快跑啊浩，邊跑邊搓！」工友們高喊著。

公孫浩仍在細細揉搓，充耳不聞。直到被磚石掩埋。

事後有人分析，說搓毛肚就和捏泡泡包裝袋同個性質，容易把人催眠，公孫浩當時達到了顧內高潮，沒聽見警報。

不管怎樣，公孫浩和杜工部火鍋一起被歷史塵封。九十多年後，杜工部火鍋重現於解放碑，號稱是當年杜工部的傳承人，但是我走進店門，看見的是金碧輝煌的裝修和高昂的菜價，各種生猛海鮮和空運肉類在菜單上濟濟一堂，我努力地尋找著內臟的蹤跡，它們並未絕跡，但似乎已經不是當年的模樣，並且賣得並不便宜。比如杜工部的菜單裡就有犀牛鞭，號稱是從非洲進口的。我曾經點過一次，將其放進九宮格的 C 位（九宮格的中間那格火力最旺），看著它在沸騰的紅油裡上下起伏，春風得意。

它明明是黃牛鞭。黃牛和犀牛「牛牛相輕」，這根扮作犀牛鞭的鞭奸並不自知，它已經變成自己曾經討厭的模樣。

而杜工部那金牙銀鏈的老闆，他不是當年的內臟之王。

「內臟之王沒了。」服務生告訴我倆，把我的思緒從杜工部拉了回來。

「內臟之王是民國的 legacy（遺產），會不會有這種可能性：蔣介石在撤退的時候將內臟文化帶去了台灣？不是說台灣保留了更多的傳統文化嗎？」老王悠然神往。

「我去過台灣，吃過那兒的名小吃大腸麵線，還有夜市裡的大腸包小腸，沒啥高明之處，比起四川的江油肥腸差遠了。國民黨帶去台灣最珍貴的，應該是王祖賢的父親，而不是內臟。」我打破了王睿的幻想。

「王祖賢的父親是內臟之王？」服務生好奇道。

「王祖賢父親的『王』是王睿的『王』。」我解釋道。

「也就是王八蛋的『王』。」王睿補充道。

那天，在朝天門外這家再尋常不過的火鍋店，王睿喝得酩酊大醉。王睿喝多了的表現是吟詩，而這天他吟了一首〈滕王閣序〉：

漁舟唱晚，響窮彭蠡之濱，雁陣驚寒，聲斷衡陽之浦。嗝。

……

關山難越，誰悲失路之人；萍水相逢，盡是他鄉之客。嗝。

……

勝地不常，盛筵難再；蘭亭已矣，梓澤丘墟。

……

漁舟唱晚，響窮彭蠡之濱，雁陣驚寒，聲斷衡陽之浦。

「這句你吟過了。」服務生提醒道。

「……滕王高閣臨江渚，佩玉鳴鸞罷歌舞。畫棟朝飛南浦雲，珠簾暮卷西山雨。

閒雲潭影日悠悠，物換星移幾度秋。閣中帝子今何在，檻外長江空自流。」

「嗝。檻外長江空自流。」王睿醉眼矇矓地盯著窗外的嘉陵江。

服務生聽得入了神，問這是誰寫的？

王勃。我告訴他。「也是王睿的『王』。」

內臟之王的王。

內臟之旅的最後一站，就這樣在王睿的醉話和打嗝聲中告一段落。但這不是結束。我在重慶還聽說了內臟之王的另一個版本。

其實，「公孫浩創造火鍋」是子虛烏有的民間傳說，壓根就沒有公孫浩這個人，純粹是杜工部火鍋店的營銷策略。火鍋真正的由來是這樣的：

1934 年，蔣介石在南昌發表演說，為「新生活運動」揭開序幕。所謂新生活運動，是一種以生活形態的改進來促進革命的構思，「提倡節約、簡樸生活」即是此運動內容的核心思想。抗戰全面爆發後蔣介石去了重慶，所以新生活運動的中心其實一直都在重慶，甚至在重慶建立了「陪都新運模範區」，蔣介石親自兼任區長。

朝天門就位於新運模範區裡，一日蔣介石和宋美齡散步至江邊，看見碼頭遍地扔棄的內臟，不由大為光火，把區裡的工作人員叫了來，在現場支起一口大鍋煮起內臟，然後讓工作人員當場吃掉。本來是一種懲戒手段，沒承想工作人員越吃越香，還邀請蔣介石夫婦一起吃。蔣介石滿懷狐疑地吃了一根牛鞭，頓覺靈台清明，他還夾了一根牛鞭請宋美齡吃，被宋三小姐捂著鼻子拒絕了。

宋美齡不行。

之後蔣介石在重慶用行政手段大規模推廣以內臟為主要食材的火鍋。這就是火鍋的真正由來。蔣介石才是真正的內臟之王。

聽到這裡，我不由得感慨萬千，想起自己前不久才在北京吃了呷哺呷哺，那是從台灣傳來的火鍋，相當於一種文化回歸。

蔣介石終於活成了自己討厭的模樣。

回到成都後，王睿成了一個徹底的內臟愛好者，每天肥腸粉、烤大腰換著來，每週必吃一頓火鍋，最老的那種，環境差，服務生凶惡，老闆娘脾氣大。用從沒換過的牛油，吃膽固醇最高的內臟。由於每週吃火鍋，他偃旗息鼓的痔瘡大有捲土重來之勢，但他不在乎。

老王你變了，變成了自己曾經討厭的樣子。很多人這樣評價。

「你變成了自己討厭的樣子，而我變成了你。」老王對著台灣方向答道。

見鬼！我真的吃了屎

文／王璞　插畫／嗷嗚

「食屎啦你！」聽上去像一句罵人的話，可是在貴州某些地區，請你「吃屎」可能是最高規格的待客禮儀！

自從在貴州朋友那裡得知有牛糞火鍋的存在，將近一年，我都以非常嚴謹認真的態度判定我的貴州朋友傳播的是一個非常不嚴謹認真的假消息，畢竟道理明擺著——誰會吃屎啊！直到，我不小心去了一趟貴陽。

到了貴陽，吃喝日程自然排得滿滿當當，腸旺麵、青岩豬腳、糕粑稀飯、米豆腐、雞辣椒、酸湯魚、炒湯圓……一頓接一頓不亦樂乎。然而，就在最後一天的中午，貴陽朋友在毫無預兆的情況下，帶我出現在了一家當地侗族菜，招牌上明晃晃地寫著：侗家羊癟。

「羊癟？這是啥？」我問朋友。

「牛糞火鍋裡是牛癟。這個就是羊……」

「。。。。。。」

普通的省略號已經完全無法表達我當時的心情，所以需要升級成用六個句號排列組合而成的省略號。境況雖如此，不過我還是萬般誠摯地希望我和朋友的友誼不會因為這一頓午飯而畫上句號。那麼，一個非常嚴肅且重要的問題擺在了眼前：癟，真的是……屎？

面對我的疑惑，朋友熱情地開始講解，但你要知道在面對這種狀況時作為一個正常人一定會有「可千萬別被耍了」的心理，於是好（多）學（疑）如我，立馬自行檢索。

牛糞火鍋（cow-dung hotpot）是貴州省黔東南和廣西西南地區的苗族美食，也叫牛癟火鍋，為貴州黔東南地區待客上品。

結果證明，朋友待我是發自內心的「真誠」！是的沒錯，朋友不但「真誠」，而且待我以「貴賓」。能帶你來吃癟，那足以證明你們是真朋友。

　　當然，網上搜出的關於牛／羊瘝的說法不免有些混雜不一甚至混淆視聽，那麼為了讓廣大吃友樹立一個正確的吃喝人生價值體系，我在此就綜合數條搜索結果做出一個關於「瘝」的概念梳理。

　　不管是牛瘝，還是羊瘝，都是小腸裡的內容物，也就是未完全消化的草料。有說法是，把牛羊餓幾天，只喝水，讓它把肚子餓空，然後用新鮮草料（還有說用中草藥）將其餵飽，數小時後宰殺並剖腹，立即把小腸剪斷取出來，直接放入鍋中翻炒，直到將腸中的內容物炒出，炒乾後加水，水一熬開，一鍋瘝湯就完成了。至於吃法，需要將另外煮熟的牛羊肉及內臟切細或剁碎，然後加入生薑、花椒、辣椒、芫荽、大蒜等爆炒，炒熟後就可以將瘝湯倒入其中，再加點兒牛／羊膽汁繼續文火慢熬後就可以開吃了！據說，還有乾鍋的吃法，以及生瘝，也就是拿瘝汁來做涼拌菜。

前面提到，瘪是牛羊小腸裡的內容物，為什麼是小腸而不是大腸？按我的理解，小腸的功能段位還是比較高的，主要負責消化吸收食物的營養精華物質，而大腸就不一樣了，進入大腸階段的東西基本上已經是食物消化後的糟粕，也就是100%完全意義上的⋯⋯屎。不過據說，大腸瘪也是有的。牛羊瘪的吃法流行於貴州以及廣西的苗族、侗族聚居區，經求證，「瘪」這個字在貴陽地區倒沒什麼特別的意義，然而在廣西桂柳地區的方言中，瘪就是屎。

最後，我真的要為羊瘪湯的口味做一個真心且真實的評價：雖然製作過程不堪入目，吃起來有點兒腐草味，又些微有點兒苦，但⋯⋯真的很香啊！尤其必須要進行的一個項目是：攦勺湯泡米飯——那是真過癮！

祝君好胃口！

愛 TA 就陪 TA 吃下水

　　男人和女人，總是隔著霧、隔著牆、隔著一層窗戶紙。尤其在吃內臟這件事上，男女之間的距離，就像從 10 袋蘋果到蘋果 10 代。

服務生，我要一串雞軟骨、一串烤麵包片，一串雞佳胗……

來二十串兒腰子！

又是腰子，每次吃燒烤你都要點。真不知道這臊裡臊氣的內臟有什麼好吃！

腰子怎麼了，你不也點雞胗了嗎，吃火鍋你不點鴨腸？

那可不一樣。我吃的是口感、味道。燙鴨腸講求個七上八下，燙到微微捲起，那時的鴨腸呀，最是脆嫩。還有 fine dining（高級餐廳）裡的鵝肝，Foie Gras（法語：鵝肝），最好是法國 Rougie 牌的，含在嘴裡，細膩，滑潤。玲瓏小巧的一小只，隨手一拍就是美食照片……再看看你這個腰子，黑乎乎的還有異味！

好看有啥用。你說鵝肝，說來說去，不就脂肪肝嗎，貴還不健康。你吃過北京的爆肚嗎？那才是真講究！光肚品就十來種，肚仁兒、散丹、蘑菇頭，看菜單你都看不明白，一口二鍋頭，一口燒餅，爽！

說再多也只有肚。你肯定沒吃過豬肚包雞吧。一隻廣東清遠雞，完完整整地塞進豬肚裡，和胡椒、枸杞、白果等中藥一起煲煮，咕嘟咕嘟的一大鍋，好吃還滋補。當年宜妃就是喝了它胃口大開，面目紅潤，被乾隆帝翻了牌子的呢。

那都不算啥！論補，羊鞭第二，誰敢第一。還有南方那個雞睪丸湯，補品中的愛馬仕。哎，對了，吃雞睪丸還能豐胸。

不聽不聽，王八念經。

突然想起來，咱倆上週去吃日本料理，你不還點了一個雞卵巢嗎！兩個大燈泡圓溜溜的，我口水都流下來了，但是你死死護著，我愣是一口沒吃著！那叫什麼來著……

那叫提燈！吃內臟也要名字好聽啊！哪像你，天天腰子睪丸卵巢的掛在嘴邊。提燈是燒鳥店裡的老饕才懂得欣賞的部位啊！輕輕咬開，一口爆漿，汁液在口中流連……讓你吃，還不是暴殄天物。

搞不懂你們。　搞不懂你們。

文／蠻吉　插畫／空洞

內臟愛好者測試題

文／福桃編輯部　插畫／空洞

91～100 分	世上竟有如此熱愛內臟之人，我們聯盟的隊長非你莫屬
81～90 分	優秀！十分優秀！足以評上內臟愛好者優秀隊員
71～80 分	加入我們的聯盟吧，I WANT YOU
60～70 分	不錯嘛！邁出了嘗試的第一步
<60 分	你就是我們拯救的對象！請等待我們從天而降

一、食物科普題（每題 5 分，共有 8 題）

1. 北京炸灌腸的原料是什麼？

A: 粉腸　　　B: 灌腸

C: 澱粉　　　D: 豬大腸

2. 以下哪種食材是及第粥裡沒有的？

A: 豬肝　　　B: 瘦肉

C: 粉腸　　　D: 豬肺

3. 以下哪個關於葫蘆的說法常被人們用來指代內臟呢?

A: 葫蘆頭   B: 葫蘆尾

C: 葫蘆中   D: 葫蘆娃

4. 黃喉到底是指哪個部位?

A: 喉嚨   B: 血管

C: 氣管   D: 自來水軟管

5. 炒肝不包含下列哪種食材呢?

A: 蒜   B: 豬肝

C: 豬大腸   D: 豬肺

6. 金銀肝是用什麼做成的?

A: 金子、銀子

B: 金角大王、銀角大王

C: 豬肝、肥膘

D: 豬肝、金銀花

7. 以下哪道菜裡面含有動物內臟?

A: 豬包蛋   B: 爆肝

C: 饢包肉   D: 紙包雞包紙包雞

8. 以下哪道菜是客家著名美食?

A: 螞蟻上樹   B: 鳳凰投胎

C: 胸口碎大石   D: 胸氏炒雞蛋

二、用餐情境題(每題 5 分, 共有 12 題)

9. 你隻身一人被五個穿窄管褲、豆豆鞋、大金鍊子、虎頭 T 恤的東北惡勢力青年團團圍住, 一定要你說出東北炸三樣是哪三樣, 否則就不放你走, 你的選擇是:

A: 豬腰子、豬連體、雞冠油

B: 南瓜餅、麻花、油條

C: 酥肉、雞米花、炸雞腿

D: 香蕉、蘋果、哈密瓜

10. 臨出門前, 媽媽塞給你一包雞石子, 她想讓你幹嘛?

A: 偷偷放在小朋友的後面(我覺得你應該會唱出這句兒歌)

B: 夜市擺攤賣燒烤

C: 代替手上的串珠

D: 用來防身

11. 你在四川粉店排隊點單, 聽到前面的人對老闆說:「給我來個冒節子。」他這是什麼意思?

A 他想要一個油豆皮結。

B 他想要一個肥腸節子。

C 他想要一份冒肥腸。

D 他是亂入的隔壁鄰居, 想借一個螺絲帽。

12. 請問身處廣東該如何有禮貌地稱呼鴨肝?

A: 鴨肝   B: 鴨潤

C: 鴨潮   D: 鴨乾燥

13. 請問四川人民一般親切地稱豬腦為什麼?

A 豬腦殼　　　　　　B 豬腦花

C 豬腦葉　　　　　　D 豬智慧

14. 你可愛的女朋友說今天只想吃內臟,別的什麼都不要! 你該給她點些什麼?

A: 梆梆肉

B: 草頭圈子

C: 牛三星湯

D: 我全都要

15. 又是你那位「今天只想吃內臟」的朋友,和你來到四川樂山玩,你覺得她會不顧你的考慮,帶你吃些什麼?

A: 蹺腳牛肉

B: 蹺腳羊肉

C: 蹺腳豬肉

D: 蹺腳不能吃肉

16. 你可愛的女朋友突然跑過來,一臉詭異地跟你說「我們去吃燉吊子好不好?」她想幹嘛?

A: 你成天吊兒郎當的,她不高興了,想把你燉了。

B: 燉豬的不可描述的部位。

C: 最近的網紅新品。沙雕必備,燉吊子。

D: 燉豬腸、豬心、豬肚、豬肺。

17.「我們之中出了一個叛徒。」鴨胗說,鴨肝冷笑:「你不會賊喊捉賊吧。」旁觀的你,請問: 誰是叛徒?

A: 鴨胗　　　　　B: 鴨肫

C: 鴨胃　　　　　D: 鴨肝

18. 燉吊子、滷煮、蘇造肉經常廝混在一起,勾肩搭背、眉來眼去,它們到底是什麼關係?

A: 蘇造肉是北方燉吊子和滷煮失散在南方的姐妹。

B: 蘇造肉是媽媽,燉吊子和滷煮是姐妹。

C: 遠房表親。

D: 沒有關係,只是長得像。

19. 在爆肚店裡,喊老闆我要一份爆肚,結果被老闆無視了,為什麼?

A: 沒有爆肚。

B: 老闆不喜歡你。

C: 老闆太忙了,客人太多,顧不過來。

D: 老闆就是不喜歡你。

20. 同行的友人問你九轉大腸為什麼叫九轉,而不是三轉、六轉、十八轉? 你要怎麼回答?

A: 因為菜裡有九個大腸啊!

B: 因為九的二進制是 1001,很像一個豬鼻子有沒有!

C: 老闆的幸運數字就是九!

D: 默默低頭吃大腸,假裝沒聽到!

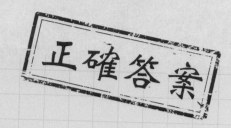

1. 答：C，老北京炸灌腸，就是澱粉坨坨嘛。

2. 答：D，及第粥的食材就是豬肝、瘦肉、粉腸～

3. 答：A，葫蘆頭就是人們俗稱的豬大腸。

4. 答：B，黃喉是豬、牛的大血管。

5. 答：D，老北京還曾流傳過一句關於炒肝的俏皮話：「你怎麼跟炒肝兒似的，沒心沒肺。」

6. 答：C，金銀肝是豬肝和豬的肥膘混合製成的。

7. 答：A，豬包蛋又叫雞蛋灌豬肚。將雞蛋灌入潔淨的豬肚內，然後放入藥膳湯裡蒸熟，切開食用。爆肝還要我解釋嗎？朋友，沒事，珍惜你的夜生活吧。

8. 答：B，鳳凰投胎是豬肚雞的別名。即把雞放進豬肚裡熬成的湯。胸氏炒雞蛋是北京著名美食。

9. 答：A，傳說中的東北炸三樣就是豬腰子、豬連體、雞冠油（這是豬肺上的一層薄油）。

10. 答：B，雞胗在南方會被叫作雞石子，嗯，不要問為什麼，可能覺得可愛吧。

11. 答：B，節子就是打成節的豬小腸，是肥腸粉店必備，一般一塊錢一個。

12. 答：B，我們廣東人最喜歡好意頭了，肝什麼的太難聽，統統改成潤！

13. 答：B，我們四川人民沒有廣東人辣麼溫柔，腦花就是腦花，成不了豬智慧。

14. 答：D，梆梆肉是豬肉及其腸、肚、心、肝燻製成的；草頭圈子裡的圈子是豬大腸；牛三

星湯就是牛心、牛肝、牛腰煮的湯。什麼？你問她都能吃完嗎？不要問女孩子這麼不禮貌的問題。

15. 答：A，蹺腳牛肉是四川樂山有名的牛雜湯，以前賣蹺腳牛肉飯館的條件很簡陋，只有一張方桌，沒有凳子供客人落座，不過桌下有根橫木，可以供客人蹺著歇歇腳，所以大家都管這碗牛雜湯叫蹺腳牛肉。

16. 答：D，燉吊子的銚子是一種煲湯的容器。它和滷煮一樣，是宮廷名菜蘇造肉流落民間的版本。以豬腸為主，不放火燒也不放豆泡，現在多是用砂鍋燉煮。

17. 答：D，就是鴨肝，它做賊喊捉賊！鴨胗、鴨肫都是鴨胃。

18. 答：B，滷煮和燉吊子都是宮廷名菜蘇造肉流落民間後的產物，百姓買不起五花肉，只好用豬下水代替。

19. 答：D，爆肚不是一道菜。客人都是單點肚品的，即羊或者牛胃的不同部位。散丹、蘑菇、肚仁都是羊肚品。

20. 答：C，九轉大腸原名為紅燒大腸，傳說是濟南一家叫作九華林的酒樓首創，老闆極其迷戀「九」這個數字，開的店鋪酒樓都要帶個九字。客人為了拍老闆馬屁，說你這個菜可以叫九轉大腸，工藝繁複，堪比製作「九轉仙丹」啊，老闆就喜孜孜地同意了。

圖解
就愛吃肉： 人生盡歡，肉慾橫流，一起享用蘇東坡的羊脊骨、史湘雲的

烤鹿肉、村上春樹的牛排，以及上海醬鴨、山東扒雞，和西班牙燉牛尾

2020年8月初版　　　　　　　　　　　　　　　　　　　　　定價：新臺幣550元
有著作權・翻印必究
Printed in Taiwan.

主　　　編	李				舒
叢 書 主 編	李		佳		姍
校　　　對	馬		文		穎
	陳		嫻		若
封 面 設 計	謝		佳		穎

出　版　者	聯經出版事業股份有限公司	副總編輯	陳　逸　華
地　　　址	新北市汐止區大同路一段369號1樓	總 經 理	陳　芝　宇
叢書主編電話	(02)86925588轉5320	社　　長	羅　國　俊
台北聯經書房	台 北 市 新 生 南 路 三 段 9 4 號	發 行 人	林　載　爵
電　　　話	(0 2) 2 3 6 2 0 3 0 8		
台 中 分 公 司	台 中 市 北 區 崇 德 路 一 段 1 9 8 號		
暨 門 市 電 話	(0 4) 2 2 3 1 2 0 2 3		
台 中 電 子 信 箱	e-mail：linking2@ms42.hinet.net		
郵 政 劃 撥 帳 戶	第 0 1 0 0 5 5 9 - 3 號		
郵 撥 電 話	(0 2) 2 3 6 2 0 3 0 8		
印　刷　者	文聯彩色製版印刷有限公司		
總 經 銷	聯合發行股份有限公司		
發　行　所	新北市新店區寶橋路235巷6弄6號2樓		
電　　　話	(0 2) 2 9 1 7 8 0 2 2		

行政院新聞局出版事業登記證局版臺業字第0130號

本書如有缺頁，破損，倒裝請寄回台北聯經書房更換。　　ISBN　978-957-08-5488-6 (平裝)
聯經網址：www.linkingbooks.com.tw
電子信箱：linking@udngroup.com

圖片來源
視覺中國：p9; p34-38; p58; p60; p66; p70; p78; p84; p108; p112; p126-129; p130;
　　　　　p146-148; p174; p204; p206; p212; p214
小肥羊視覺大片：p134; p136-139; p146-148; p150; p172-173

本書中文繁體版由北京楚塵文化傳媒有限公司授權出版

國家圖書館出版品預行編目資料

就愛吃肉： 人生盡歡，肉慾橫流，一起享用蘇東坡的羊脊骨、史湘雲的
　烤鹿肉、村上春樹的牛排，以及上海醬鴨、山東扒雞，和西班牙燉牛尾/
　李舒主編 . 初版 . 新北市 . 聯經 . 2020年8月 . 248面 . 18×24公分（圖解）
　ISBN　978-957-08-5488-6（平裝）

　1.飲食風俗　2.肉類食物

538.782　　　　　　　　　　　　　　　　　　　　　　　109001820